河出文庫

神さまってなに？

森達也

河出書房新社

神さまってなに？

はじめに

神さまはどこにいる?

神さまお願い。

そんな言葉を心の中でつぶやいたことは、きっとあなたにもあるはずだ。僕もある。これまで何度もあったし、これからもきっとある。

……神さま。

考えたら不思議だ。神さまはどこにいるのだろう。どんな顔をしているのだろう。いつもは何をやっているのだろう。毎日働いているのだろうか。それとも遊んでいるのだろうか。お風呂には入るのだろうか。シャンプーは何を使っているのだろうか。食べものの好き嫌いはあるのだろうか。そもそも食べたり飲んだりするのだろうか。友だちはいるのだろうか。悩みはないのかな。病気になることはないのかな。この世界をどうしたいと思っているのだろうか。

よくわからない。神さまを見たことがある人はいるのだろうか。僕の周りにはいない。きっとあなたの周りにもいないだろう。ほとんどの人はその姿を見たことがない。声を聞いたこともない。たぶん数だけなら、ネッシーやツチノコを見たという人のほうが、神さまを見たという人よりずっと多い。

ところがネッシーやツチノコなんているはずがないと言う人の数は、神さまなんているはずがないと言う人の数よりも、きっと圧倒的に多い。

つまり神さまについては、見た人の数はとても少ないはずなのに、絶対にいないと断言する人はあまりいない。熱心なイスラム教徒（ムスリム）やキリスト教徒が多い国ならば、神が存在することは絶対的な前提になっている人がほとんどだ。でも、特定の信仰を持たない人が多い日本ですら、もしも「神さまっていると思うか」と訊ねられたら、「いるような気もするし、いないような気もするし……」というような感じで答える人が多いだろう。つまりなかなか否定しきれない存在だ。

神さまの居場所は僕たちの周りにとてもたくさんある。神社にお寺、教会などの施設はもちろん、道端にある小さな祠《ほこら》やお地蔵さん、田舎の家の柱などによく貼ってあるお札、仏壇や神棚、みんな神さまの居場所だ。

場所だけではない。神さまにまつわる行事はとても多い。生まれてから一カ月が過ぎたころ、お宮参りという行事がある。家の近くの神社に行って、その土地の守り神である産土神《うぶすながみ》に赤ちゃんの誕生を報告して、健やかな成長を願う行事だ。子供の成長を祝う七五三という行事もある。このときもやっぱり近くの神社に行って、地元の氏神さまにお参りする。十二月二十四日にはクリスマス・イブ。およそ二千年前のこの日に、キリスト教における神の御子であるイエス・キリストが生まれたとされているからだ。

大晦日には除夜の鐘。お寺で撞《つ》かれる百八つの鐘の音を聞きながら年を越す。これは煩悩《ぼんのう》をはらうためといわれている。そして年が明ければ初詣。お寺や神社に参拝して、一年の無事と平安を祈る。

結婚式の多くは、神社で行われる神前式か、教会で行われるキリスト教式。数は少ないけれど、お寺で行われる仏式もある。日本のお葬式は仏式が多い。お坊さんを呼んでお経をあげてもらう。もちろん故人がキリスト教に入信しているなら、教会でお葬式になるかもしれない。

御みこしなどを担ぐ祭りの多くは、収穫の神などに豊作を願う神道《しんとう》の行事に由来している。お盆や盆踊りなどの起源は、日本古来の祖霊《それい》信仰（先祖の霊への信仰）が、盂蘭盆会《うらぼんえ》という仏教の行事と結びついて、今の形になったといわれている。

キリスト教やイスラム教（イスラーム）が生活の基盤をなす欧米やアラブ諸国に比

べれば、日本人の多くは、特定の信仰を持っていないといわれている。ところが冠婚葬祭を含めて僕たちの日常には、神さまにまつわる行事がとても多い。初詣は神社に行くし、クリスマスも祝うし、死んだらお寺でお葬式をする。それぞれ神さまは違うけれど気にしない。行事ばかりじゃない。田舎などに行けば今も、山の神さまや海の神さまがいる。火の神さまや森の神さま、台所の神さまやトイレの神さまもいる。

そこらじゅう神さまだらけだ。

でも誰もその姿を見ていない。声を聞いてもいない。本当に存在しているのかどうか、実のところは誰にもわからない。証明できない。

だから時おり不思議になる。いるかいないかわからないし、見たり聞いたりした人もほとんどいないのだから、「お寺や神社や教会なんて必要ない」と言う人が、世の中にもっと多くいてもいいはずだと思うのだ。でもそんな人はあまりいない。

ほとんどの人が、その姿を見たことも声を聞いたこともない。でも「だから絶対にいない」と断言する人はとても少ない。お寺や神社に行ったときは、思わず手を合わせてしまう。きっとあなたもそうだと思う。僕もそうだ。姿を見たことも声を聞いたこともないけれど、絶対に存在していないと断言はできない。もしかしたら本当にいるかもしれないと、心のどこかで考えている。

だからやっぱり思う。思わずにはいられない。神さまって何だろう。どこにいるのだろう。どんな顔をしているのだろう。いつもは何をやっているのだろう。何を考えているのだろう。

一緒に考えよう。でも考えるためには知らなくてはならない。世界にはどんな神さまがいて、どんな教えがあって、なぜ人は神さまを信じる（信じたがる）のかということを。

オウム真理教は偽ものの宗教？

一九九五年三月二十日。オウム真理教の信者たちが、東京都内のいくつかの地下鉄車両内に、猛毒ガスであるサリンを散布した。その結果として一二人の乗客や駅員が死亡して、五五一〇人が重軽傷を負った。これが地下鉄サリン事件だ。さらに捜査の過程で、その前に起きていた数々の殺人事件に、オウム真理教が関与していることも明らかになった。

日本国民の多くは、この事件にとても強い衝撃を受けた。その理由のひとつは、サリンを撒いたオウム真理教が、宗教組織であったことだ。

「本来は人を救い平和を願うはずの宗教が、なぜ人を傷つけたり殺したりするのか」

この時期にテレビに出ていた多くの識者やコメンテーターたちは、よくこんな言葉を口にして怒っていた。だから「オウム真理教は宗教組織ではない」「彼らは信仰の名を騙《かた》った偽もの集団である」と主張する人は大勢いた。いや大勢のレベルではない。たぶん今も、ほとんどの人がそう思っている。

事件後、僕はオウムの信者たちを被写体にしたドキュメンタリー映画を撮った。そのときに多くの信者たちと知り合いになった。そして今も彼らとは付き合いがある。だから普段の彼らの様子も知っている。そのうえであなたに伝えたい。知ってほしい。多くの信者と知り合いになったけれど、凶暴で残忍な人など一人もいない。みな優しくて穏やかで思いやりにあふれていて、これ以上ないほどに善良な人たちだ。だから時おり、彼らと彼らが起こした犯罪との関係がわからなくなってしまう。でも考えなくては。これはとても大事なことだ。

優しく、善良であることの危険性

優しくて善良な人たちだからこそ、彼らはオウム真理教の理念のひとつである「世界の人々を救済する」という目的に強い共感を持った。僕が知っている一人の信者は、オウムに入信する前は養護学校の教員だった。ハンディキャップを持って生まれてきた人たちの力になりたいと考えて養護学校の教員になった彼は、実際に彼らと接しながら、自分の力では彼らの生活の手助けはできても、彼らの苦しみや悩みを本質的には救えないとの思いに至り、さんざん悩んだすえに、オウム真理教の門を叩いている。

オウムにはそんな信者たちは数多くいる。「世界の人々を救済する」というオウムの理念に強い共感を持った彼らは、今のこの不平等で汚れた世界を立て直さねばならないと考えた。そしてその結果として、多くの人が死に、多くの人が苦しんだ。

オウムの一連の事件では、教祖を含む一三人の信者が、殺人罪などで死刑判決を受けた。ドキュメンタリー映画を撮り終わった僕は、裁判を受けるために拘置所に拘束されている彼らと、手紙を交換したり、面会に行ったりした。

一三人の信者は、すべて今は確定死刑囚だ。だからもう、手紙の交換や面会はできない。なぜか日本では、裁判で死刑が確定した死刑囚は、外部と一切の連絡ができないようにされてしまう。法務省はこのルールの根拠を、「死刑囚の心の平安を保つため」と説明する。僕は逆だと思う。死刑が確定したその日から、彼らは処刑される日を待つだけの生活になる。順番はわからない。彼らは毎夜、明日は自分の処刑の日になるかもしれないと思いながら眠りに就く。そのプレッシャーは想像もできない。しかも数人としか話せない。確定するまでは手紙のやりとりをしたり面会したりしてきた人たちと連絡をとることは、もう永久にできない。そうした環境にすることが、なぜ「心の平安を保つ」ことにつながると考えられるのか、僕には全くわからない。

話を戻そう。面会した元オウム幹部信者で死刑囚の数は全部で六人。当たり前だけどそれぞれ個性がある。いろんな人がいる。どちらかといえば無口な人。よくしゃべる人。涙もろい人。せっかちな人。義理がたい人。のんびりした人。

六人全員に共通することは、やっぱり優しくて善良であるということだ。面会室で犯した罪について質問すれば、遺族の心情を思うと自分たちが死刑になることは当然だ、と彼らは言う。透明なアクリル板越しに涙ぐむ。そしてきっとこれは、面会していない残り七人の多くも、ほぼ同じだろうと僕は推測する。

彼らは確かに罪を犯した。ならば今のこの社会の法律に従って罰を受けねばならない。それは当たり前のこと。でもあれほどに悲惨な事件が起きた理由は、彼らが残虐で凶暴だったからではない。むしろ逆だ。ここは強調したい。彼らが善良で純粋であるからこそ、あれほどに悲惨でおぞましい事件が起きたのだ。

だから考えなくてはならない。優しくて純粋で善良な人たちの集団が、なぜ多くの人を殺害したのか。これほどに凶暴な事件を起こしたのか。

要因は複数ある。でも事件の動機や背景に、信仰の力が大きく働いていたことは確かだ。オウム真理教が宗教集団であったからこそ、彼らの優しさや純粋さが、大勢の人を殺すことにつながってしまったのだ。

なぜ人を救うはずの信仰が、悲惨で残虐な事件に結びついたのか、それはこの本の大きなテーマのひとつだ。でも誤解してほしくないけれど、宗教はすべて危険だとか、神さまの存在を信じることは人を殺すことを正当化するとか、そこまで言うつもりはない。そうではない宗教はいくらでもある。

ただし宗教はすべて、この危険性（リスク）と決して無関係ではない。オウム真理教だけではない。キリスト教も仏教も、始まったころは反社会的な存在と見なされていたし、殺戮や戦争の要因になったことは何度もある。

でも人は宗教と縁を切ることができない。だからこそ考えてほしい。知らねばならない。宗教とは何か。その頂点にいる神さまとは何か。僕たちにとってどんな存在なのか。

人間だけが神さまを求める理由

もちろん、神さまが本当に存在しているのかどうか、僕にはよくわからない。とにかく神さまの周りはわからないことだらけだ。でも確かなことがひとつある。この地球上に生きものはとてもたくさんいるけれど、神さまを求めるのは、人間だけだということだ。

イルカやチンパンジーは、動物の中では知能が高いといわれている。確かにある程度の社会性はあるし、言語らしきものもある。でもイルカやチンパンジーは宗教を持たない。神さまを必要としていない。バイカルアザラシもヘラクレスオオカブトもコモドオオトカゲもカジキマグロもオオアリクイもイソギンチャクも、宗教や神さまを必要としない。考えたこともないはずだ。

ならばなぜ、人だけが神さまを求めるのだろう。

オウムのドキュメンタリー映画を撮りながら、僕は考えた。何日も。何カ月も。そしてある日、撮影をしながら、ふと気がついた。

人は知っている。どれほどに富を貯えても、大きな名声を得て多くの人にうらやまれるような生涯を過ごしたとしても、誰もが必ずいつかは死ぬことを。ほとんどの動物は死の概念を知らない。イルカやチンパンジーは、自分以外の他者が死ぬことは知っているかもしれないが、自分もいずれ死ぬと知っている可能性は低い。でも人は知ってしまった。自分もいつか死ぬ。絶対に。この宿命から逃れることはできない。だから願う。できれば死にたくない。死んだとしても消えてなくなるとは思いたくない。死んだあともこの意識は消えないと思いたい。肉体が滅びても魂は残ると信じたい。だからこそ輪廻転生《りんねてんしょう》や天国と地獄、極楽浄土《ごくらくじょうど》などの思想に、人はすがりたくなる。なぜならこれらはすべて、死んだあとに魂がどこへ行ってどうなるかを示してくれるからだ。

こうして宗教が生まれる。世界中のほとんど（もしかしたらすべて）の宗教の教えに共通することは、人が死んだあとの魂の行く場所、つまり死後の世界を示してくれることだ。そしてこれを導いてくれるのが神さまだ。

これは宗教のひとつの本質。神さまがいることを信じられる人は、死の恐怖を和らげることができる。死はひとつの通過点なのだと思うことができる。だから与えられたこの生を、迷うことなく過ごすことができる。

自らが死ぬことを知ってしまったから、人は宗教を必要とする。でももしも仮にそうだとすれば、これはとても危険なことでもある。なぜなら死への恐怖を和らげるという宗教のシステムは、時として生から死へのハードルを、引き下げてしまう場合があるからだ。

だからほとんどの宗教は、誰かを殺す殺生《せっしょう》や自分を殺す自殺を、絶対にやってはいけないこととして固く禁じている。でも人は規則どおりには生きられない。きっと例外を見つけだす。勝手に解釈してしまう。

宗教と戦争の密接な関係

キリスト教はその勢力を拡大する過程で、十字軍や異端審問《いたんしんもん》、魔女狩りなどで、多くの人を殺してきた。これらの歴史については、あとでもう一度考えよう。イスラム過激派による自爆テロは、今も多くの人たちの命を犠牲にしている。日本がかつてアメリカと戦争を起こしたとき、仏教や神道など国内の宗教組織や宗派のほとんどは、この戦争を聖戦であるとして肯定し、信者には戦争に協力するようにと呼びかけた。つまり宗教は戦争や虐殺ととても相性がいい。原因になるときもあるし、燃料として利用されるときもある。なぜならば生と死の垣根を引き下げてしまう場合があるからだ。

その結果として時として、宗教の内側にいる人たちにとっては当たり前の行為が、宗教の外側にいる人たちにとっては、とても迷惑で非常識な行為になってしまうことがある。

有史以前から現在に至るまで、人類は多くの戦争や虐殺を続けてきた。そして戦争や虐殺の多くに、宗教はとても密接に関係している。

だから人に危害を加えたり命を奪ったりしたからといって、それは宗教ではないとは言いきれないことを、僕はあなたに知ってほしい。それが良い宗教か悪い宗教か、正しい宗教か間違っている宗教かはともかくとして、宗教にはそんな危険な面がある。昔から。そして今も。

たとえば二〇〇一年九月十一日に起きたアメリカ同時多発テロ。あの事件の背景には、イスラム教とキリスト教のあいだで、長く続いてきた相克《そうこく》があった。誤解や曲解だってある。過去の恨みや今の利害も、あれほど最悪の事態に至るまでの要因として働いている。より多くお金を儲けたいと思う人や、政治的な権力を持ちたいと思う人たちの暗躍、つまり経済や政治の問題も大きい。

様々な要素がある。ひとつではない。多くの要素が複雑に絡み合い、相互に影響し合いながら、最悪の状況へと結びついた。

これら多くの要素が絡み合いながら影響し合うとき、宗教はそれらの要素の潤滑油になったり、接着剤になったりする。九月十一日の自爆テロ、そしてこれに対してのアメリカの報復、この双方に共通しているものは、それぞれの宗教（イスラム教とキリスト教）が持つ教義への、自分勝手で都合のよい解釈だ。

宗教は大義名分になりやすい。理由にされやすい。だからいろんな要素がこれを隠れ蓑《みの》にする場合がある。でも多くの信者たちはそれに気づかない。自分たちは迫害されていると思い込む。神に試されていると信じてしまう。ならば戦わねばと剣を手にする。聖地を守らねばと銃をかまえる。それぞれの神の名を称えながら。

だから考えよう。神さまって何だろう。宗教って何だろう。もしも存在するのなら、神さまは何を考えているのだろう。人にとって必要な存在なのだろうか。それとも不要なのだろうか。有益な存在なのだろうか。それとも有害な存在なのだろうか。

僕たちは神さまに願う。祈る。ならば考えなくては。神さまは僕たちの願いや祈りを聞いてくれているのだろうか。実現してくれるのだろうか。

そして何よりも、そもそも神さまは、本当に存在しているのだろうか。

第一章　宗教ってなに？

人類が解けない悩み

昼下がりだった。気温はたぶん四十度近い。靴を脱ぎ、開け放たれた扉から中に入る。ドームのようにとても広い空間だ。ひんやりとした冷気と静寂《せいじゃく》が、火照《ほて》った肌をゆっくりと包み込む。

中には男たちが二十人ほどいた。そのうち半分くらいは、メッカの方角に向かって跪《ひざまず》き、真剣な表情で礼拝をくり返している。残りの半分の男たちは、薄いカーペットが敷かれた床に、思い思いの格好で寝そべっている。灼熱の外に比べれば別世界のように涼しい。寝そべっている男たちは、とても気持ちが良さそうだ。実際にいびきをかいている男もいる。

僕も床に横になってみた。何人かの男たちが、じっとこちらを見ている。彼らにとって僕は明らかに異教徒で異邦人だけど、でも特に気にするわけでもない。一人の男は目が合うと、にっこりと笑いかけてきた。

ここはシリアの首都であるダマスカスのモスク。シリアは今、内乱とＩＳ（イスラム国）の攻撃が複雑に重なり、さらにはアメリカやロシアも空爆に参加して、国家としては壊滅状態にある国だ。僕が訪ねた十年前も、アメリカからテロ支援国家として名指しで批判されていて、実際にダマスカスには、数々のイスラム過激派の拠点があるといわれていた。

ところがモスクに集まっている男たちは、誰もがとても穏やかだ。テロ支援国家などと聞けば、危険なイスラム教徒たちがたくさんいる国だとあなたは思うかもしれない。でも実際に足を運んでみるとわかるけれど、シリアにはキリスト教徒も数多く暮らしている。ダマスカス市街を少し歩けば、いくつもの教会を見ることができた。

同時多発テロや、これに対するアメリカの報復を、キリスト教とイスラム教の戦いであると説明する人がいる。確かにそれは一面の事実。でも一面だ。視点を変えれば違う現実が現れる。違う世界が現れる。

ダマスカスだけではない。ヨルダンでも、イエメンでも、レバノンでも、エジプトでも、街を歩きながらモスクがあれば、僕はできるだけ中に入るようにしている。もちろんイスラムの礼拝の作法など知らない。だから中では、しばらくぼんやりするだけだ。

どこの国でも男たちはとても寛容だった。にこにこと微笑みかけてくる男たちもたくさんいた。厳粛《げんしゅく》な施設なのだから、遊び半分なら来るなと言われるかなと思っていたけれど、そんな体験は一度もない。

でもそんな優しい男たちが、神の名を呼びながら、自動小銃やロケット弾を手にするときがある。イスラム教徒だけではない。キリスト教徒も仏教徒も、ヒンドゥー教徒もユダヤ教徒もみな同じ。キリスト教には教会がある。仏教やヒンドゥー教には寺院があるし、ユダヤ教にはシナゴーグがある。どの宗教もそれぞれの神さまがいて、人々は跪き、手を合わせ、時には涙を流しながら祈る。この世界の平和を願いながら、すべての人々の幸福を祈りながら、……でも時おり殺しあう。

神なんて僕らが苦痛の量を測るための概念でしかない。

（ジョン・レノン「GOD」著者訳）

大好きなジョンの言葉だけど、でも本当にそうだろうか。神さまにはそれだけの意味しかないのだろうか。実在していないのだろうか。それともどこかに隠れているのだろうか。

だから探したくなる。そしてもし見つけたのなら聞きたくなる。

神さま、あなたはこの世界をどうしたいの？　僕たちに何をさせたいの？

この命題については、昔から多くの人が考え続けてきた。十七世紀のオランダに生まれた哲学者スピノザは、この世界に存在するあらゆる物体や概念、生きものや現象は神の現れであり、神の別の姿であると考えた。これを汎神論《はんしんろん》という。相対性理論で有名なアインシュタインも、この汎神論的な考え方を持っていたといわれている。

十九世紀のドイツの哲学者ニーチェは、キリスト教的な神の死を宣言して、これに代わる超克的な存在である超人を構想した。

スピノザやニーチェだけではない。神が実在するかどうかは、一般の人や宗教学者はもちろん、ほとんどの哲学者や思想家にとっても、ずっと重要な命題だった。有史以来の人類が悩み続けてきたこの問題の解答を、僕が持っているわけではもちろんない。

神さまが実在するかどうか、今のところ僕にはわからない。でも考えることはできる。いろいろと思うことはできる。

日本人は本当に無宗教？

そもそも宗教とは何だろう。この設問に対する解答はとても難しい。なぜなら宗教は、あまりに身近過ぎる。多くの人が信仰を持たないはずの日本でさえ、宗教は日常生活にとても深く入り込んでいる。そのうえ多様すぎる。いろんな宗教がある。また同じ宗教でも時代によって全然違う。さらに何よりも、人の意識ととても密接につながっている。

でも「意識とは何か？」と聞かれて、一言で明確に説明できる人はいないはずだ。同じように宗教も、一言にすることはとても難しい。でも「難しい」ばかりでは先に進まない。だから（強引であることは承知で）とにかくまとめてみよう。

宗教とは、超越的な存在（神さま）がいることを認めて、その教え（教義・戒律）があって、これを信じる人たちが持続する精神的営みである。

たぶんこれが、宗教とは何か？　という質問に対しての、最も模範的な解答だ。でもこれですべてを言い足りているわけではもちろんない。多くの日本人は自分のことを無宗教だと思っている。なぜなら、「超越的な神さまなど絶対にいないとは断言できないけれど、その存在を認めるかと訊ねられたら、やっぱりよくわからないし、何よりも教義や戒律など特に持ってもいないし守ってもいない」からだ。

あなたの場合はわからないけれど、僕はまさしく、「多くの日本人」のうちのひとりだ。でも多くの日本人が、言葉どおりの無宗教とは思えない。だって正月の初詣には神社に行って拍手を打ち、お葬式や法事、お盆の墓参りにはお寺に行って、お坊さんが唱えるお経を聞きながら仏壇に手を合わせる。多くの人がそうだ。クリスマスには家にクリスマスツリーを飾り、建築工事の始まりには必ず神主さんを呼んで安全祈願を行い、キリスト教で聖人とされるバレンタインが殉教《じゅんきょう》した二月十四日には好きな男の子にチョコレートを贈り、厄日や方角占い、干支《えと》や星占いに一喜一憂し、霊能力者が出演するテレビ番組を楽しみにしている。そんな番組が高い視聴率であるということは、多くの日本人が（そしてもちろん僕もあなたも）、決して完全な無宗教だと言い切れないことを示している。

日本以外の国の多くでは、無宗教（no religion）という言葉は無神論者（atheist）を意味すると解釈され、「道徳的に問題がある人」と思われてしまうことがある。たとえば歴代のアメリカ大統領はすべて、必ずキリスト教の何らかの宗派に属していて、その就任式では、ほとんどの大統領が聖書に手を置いて誓いの言葉を述べる。多くのアメリカ人にとって信仰を持たないということは、不完全であることと同じ意味を持つ場合が多い。

僕は無神論者が道徳的に問題を持っているとは思わない。でも信仰を持つことが当たり前の国や民族から見ると、信仰を持たないということは、とても特別なことであると思われる場合があることくらいは、あなたにも知っておいてほしい。世界の基準からいえば、特定の宗教を持たない人が多いこの国のほうが、（いいか悪いかは別にして）例外的な存在なのだ。

それに無宗教であることと無神論者であることは同じではない。特に日本人の場合、無宗教ではあっても無神論者はほとんどいない。

なぜ僕はそう断言できるのか。だって何かを持っていないと言うためには、その何かが何であるかを知らねばならない。「あなたは車の運転免許証を持っていますか」と訊ねられて、車の運転免許証が何であるかを知らないまま、「私は持っていません」とは答えられない。もしも自らを無神論者であると断言するのなら、宗教や神とはいったい何なのかを、その前に理解せねばならない。でも理解している日本人はとても少ない。だからまずは聞き返さなくちゃ。

宗教って何ですか？　神さまって誰ですか？　って。

超自然的なものへの畏れ

「宗教」とはそもそもが仏教の言葉だ。「宗」の意味は、根本的な真理を知ることによって到達する究極の境地。「教」はもちろん教え。だから「宗教」の意味は、根本的な真理に至るための教え、ということになる。英語ではレリジョン（religion）。reは（再び）とligion（結びつける）がひとつになった言葉。つまり英語における宗教には、「離れているものを結びつける」という意味があるようだ。この語源であるラテン語のレリギオ（religio）には、超自然的な存在に対する畏怖《いふ》（畏れ敬う心）などの意味もある。だから宗教のもうひとつの定義は、こんなふうになる。

超自然的なものへの人間の畏れと、それと直接結びついた思想、感情、行為などの総体、および真理を知ろうと努力する営み。

超自然的といっても、別に宇宙人やお化けなどのことじゃない。人はどこから来てどこへ行くのか。なぜ宇宙は誕生したのか。なぜ自分は存在するのか。なぜ人は生きるのか。たとえばそんな疑問。とても観念的だけど、でも誰もが時おり考え、そして答えがどうしても見つからない疑問。

もっと昔では、なぜ夕焼けが赤いのか、なぜ海には満ち引きがあるのか、なぜ月は落ちてこないのか、なぜ虫は足が六本あるのか、そんな疑問の答えもわからなかった。なぜ時おり台風が来るのか、なぜ地震が起きるのか、なぜ人は病気になるのか、なぜ人は必ず死ぬのか。それもわからなかった。だから昔の人は、そこには何か超自然的な力が働いていると考えた。たとえば精神分析の基礎を築いたジークムント・フロイトは、宗教を「自然の圧倒的な優位から身を守る必要から生まれたもの」と定義している。つまり人がつくりだしたもの。だからフロイトは徹底した無神論者だ。

超自然的な力の中で、最も強くて抗えないものは何だろう。天変地異は確かに怖いけれど、被害をできるだけ少なくすることはできる。病気だって昔に比べれば、ずいぶんと治療法は進歩した。でもひとつだけ、どうしても抗えないものがある。

人はみんな必ず死ぬということだ。

死んで肉体はなくなる。でもならば、魂はどこへ行くのだろう。この自分は消えるのだろうか。それともどこかへ行くのだろうか。行くとしたらどこへ行くのだろう。そんなことを考え続けて、人は神さまという超越的な存在に気がついた。だから宗教は、あなたとこの世界との関わりを考えることから生まれたともいえる。

発展するアニミズム

とにかく宗教は人とともにある。ならば人はいつ始まったのか。この命題に対しての回答は難しい。だって進化の過程で、どこからを人とみなすのかがはっきりしていないからだ。

先史時代、樹上生活をしていた人の祖先（猿人）が地上に降りて二足歩行をするようになった五〇〇万年くらい前のころ、人の祖先は、果実や虫などから、より大型の動物を食料にするようになった。つまり狩猟によって動物を殺し始めた。

おそらくはこのころ、人は「死」という概念を知ったと推測されている。世界的な宗教学者であるミルチア・エリアーデは、これを人と獲物との「神秘的連帯性」と呼び、霊長類《れいちょうるい》のひとつの種でしかなかった人の祖先が、人（ホモサピエンス）へと変わる過程の最終段階であったと推測している。

一〇万年ほど前のネアンデルタール人（最近は現生人類の直系ではないとの見方が有力だが）が、死んだ同族を埋葬《まいそう》していたことは、すでに明らかになっている。彼らは遺体を土に埋め、その上に花を乗せた。特に顔や頭の上には、念入りに多くの花を置いていた。

どんな生きものも必ず死ぬこと。そしてそれは自分や自分が愛する人も例外ではないこと。そんなことを知ったとき、人はどうやっても抗えない力が世界に存在していることに気がついた。でも自分を愛してくれた人たちが、この世界から完全に消えてしまったとは思いたくない。どこかで自分を見守ってくれていると思いたい。こうして死んだ人の霊魂《れいこん》が、土地や木や川など、森羅万象《しんらばんしょう》すべてに宿るという考え方（アニミズム）が生まれた。つまり精霊への信仰だ。

アニミズムという言葉は、霊魂や精霊を意味するラテン語「アニマ」からきている。人は霊魂が宿った自然の生成物に対して畏れの感情を抱き、やがてそれは精霊への信仰となり、神という概念の原型が形づくられた。

農耕や狩猟などを中心とする地域や社会には、今もアニミズムが色濃く残っていることが多い。だからアニミズムは発展途上の社会に特有の信仰と思われがちだけど、でも日本の伝統的・民族的な信仰を基盤にする神道（要するに神社にいる神さま）は、「八百万《やおよろず》の神」という言葉が示すように、アニミズムの発展形と考えられる。この国を作ったとされる伊邪那岐《いざなぎ》と伊邪那美《いざなみ》や、須佐之男命《すさのおのみこと》に天照大神《あまてらすおおみかみ》などが登場する古事記は、アニミズムから始まった多神教の神話でもある。

古代の文明の多くは、この多神教の信仰と共にあった。古事記以外には、ゼウスやアポロンなどでおなじみのギリシャ神話や、オーディンやスレイプニルなどが活躍する北欧神話、象の頭を持つガネーシャやシヴァなどが登場するヒンドゥー教などが、代表的な多神教の信仰だ。

アニミズムや多神教には、いくつかの共通する特徴がある。まずは神さまの数がとても多いこと。正式な経典や教義はないし、教祖などもいないこと。だからその多くは、神話や言い伝えなどの民間伝承で伝えられてきた。

日本の八百万の神々は神社に祀られているし、ヒンドゥー教は今もインドでは、最も多くの人が信仰する宗教だ。でもギリシャ神話や北欧神話を信仰する人は、今はもうほとんどいない。なぜならアニミズムや多神教の多くは、このあとの時代に生まれたキリスト教やイスラム教など、唯一絶対神のみを崇拝する一神教に取り込まれたり、あるいは駆逐《くちく》されたりしてきたからだ。

民族宗教と世界宗教の違い

今の世界における宗教は、大きく二つに分けられる。民族宗教と世界宗教だ。ヒンドゥー教やユダヤ教、儒教や神道などが、民族宗教の代表だ。これらの宗教に共通する特徴は、特定の民族や国家に限定されながら、人々に信仰されているということだ。

ブラフマンやヴィシュヌ、シヴァやガネーシャなどの神々を信奉し、カースト制度を大きな特徴とするヒンドゥー教は、おもにインドやネパールなどで信奉されているけれど、他の国や地域には、ほとんど広がっていない。インド系民族に限定されている宗教といえるだろう。

二十世紀半ばになるまで自分たちの国を持てなかったユダヤ人の多くが信仰するユダヤ教は、信仰であると同時に、民族の紐帯《ちゅうたい》の意味を持つ宗教だ。ユダヤ教を信じる人たちは、「ユダヤ教の神であるヤハウェに戒律を守ることを誓った者だけが救われる」との教えを信じている。これを選民思想《せんみんしそう》という。つまり自分たちは選ばれた民であるとの意識。だから選民思想は、他の宗教を持つ人や民族を、自分たちより劣っている人たちだと規定してしまうことがよくある。そんな歴史があったことも影響して、ユダヤ教は広がらない。またユダヤ教の側も、異教徒がユダヤ教に改宗することに対しては、それほど積極的ではない。

日本独自の宗教である神道は、今も存続する天皇制が示すように、古来から日本人の生活と融合し、宗教であると同時に、日本の伝統的な文化や規範などの側面も持っている。だからこそこれもまた日本国内限定。これ以上は広がらない。

紀元前六世紀ごろに生まれた孔子《こうし》を始祖とする中国の儒教《じゅきょう》は、人は死ぬと空を漂う「魂」と地中にもぐる「魄《はく》」（身体）に分かれると考えた。だから儒教においては、死んだ人の魂を慰める先祖供養はとても重要だ。また地中にある魄のために、墓参りも忘れてはならない。そして先祖供養を滞りなく続けるためには、家督を継ぐ男系の子孫を絶やさないようにしないといけない。

儒教におけるこの部分は、今あなたが知っている日本の仏教や習俗とかなり重複している。実のところ本来の仏教には、先祖供養や墓参りなどの教義や思想はない。あとからくっついた。なぜならインドで生まれた仏教は、中国で生まれた儒教の影響を受けながら、日本に伝わってきたからだ。

ジャイナ教やシーク教、ゾロアスター教に道教など、世界にはまだまだ多くの民族宗教がある。ここで紹介したのはほんの一部だ。それにくらべて世界宗教は三つしかない。仏教とキリスト教、そしてイスラム教だ。

この三つの宗教の特徴は、ひとつの国家や限定された地域、あるいは民族などの枠内だけではなく、世界各地に多くの信仰する人がいて、政治的、社会的、そして文化的に、多くの影響を人々に与えているということだ。

キリスト教の場合は、最初に教えを広めたイエス・キリストはユダヤ人だけど、その教えはユダヤ教を信仰するユダヤ人のあいだには広まらず、周辺のヨーロッパ全域で広がった。

ブッダ（釈迦《しやか》）はインドで生まれたけれど、現在のインドには仏教徒は多くない。

ところが仏教は、日本も含めて、多くのアジアの国々に伝わった。

　イスラム教の開祖であるムハンマドの活動地域は、おもにアラビア半島だったけれど、イスラム教は現在、アラブ全域から北アフリカ、中央アジアから東南アジアにまで拡大している。

　この三つの世界宗教を信じる人の合計は、現在の世界でおよそ三十八億人。つまり全人類の半分以上ということになる。

　三大宗教に共通するもうひとつの特徴は、イエスやブッダ、そしてムハンマドという宗祖や預言者がいることと、彼らが誕生する前に多くの人が囚われていた神話や呪術、制度などの束縛から、解放されているということだ。

　たとえば仏教が誕生する前のインドでは、ヒンドゥー教の前身であり強硬なカースト制度を教義とするバラモン教（古代ヒンドゥー教）が主流だった。人々は生まれる前から身分で階層化されていて、下層に置かれた多くの人は、生涯変わらない差別に苦しんでいた。

　最近の日本でも上流だのハイソだの下流だのとよく耳にするけれど、当時のカーストにおける身分制度は、比較にならないくらい厳しかった。仕事や住む場所なども明確に限定されていて、どんなに努力をしても変わらないのだ。仏教の創始者であるブッダは、この身分制度に反対して、すべての人の平等を説いた。

イエスを宗祖とするキリスト教は、規則や戒律ばかりを重視する当時のユダヤ教に対して異を唱え、ムハンマドを開祖とするイスラム教も、当時のアラビア半島で信仰されていた多神教を否定し、唯一の神の前における万人の平等を主張した。

つまりこの三つの宗教は、差別的で儀礼的すぎたそれまでの社会制度に対してのアンチテーゼ（対抗原理）の意味を持つ。だからこそ当時の特権階級や既得権益を持つ人たちからは激しく弾圧されたが、多くの貧しく弱くて差別されていた人たちからは支持されて、その後にこれほどに普及した。

第二章　仏教

悩み多き王子・ブッダを開祖とする最も古い世界宗教

ブッダの誕生

三大宗教のうちキリスト教とイスラム教は、ユダヤ教の「旧約聖書」を共通の聖典としているから、世界観についてはとてもよく似ているし、一神教であることも共通している。

日本人にとっては最も馴染みがあり、また三大宗教の中では最も歴史が古い仏教には、もちろん旧約聖書の影響はない。それにブッダは、イエスやムハンマドのような預言者でもない。

ブッダは紀元前六世紀ごろに生まれた。場所は現在の東インドのガンジス川流域からヒマラヤ山脈の麓にかけての地域だ（現在のネパール国境付近であるとする説もある）。

当時この地域には、多くの小さな国がひしめき合っていた。国といっても今のような国家ではなく、部族といったほうが近いかもしれない。そのひとつがシャカ族の国だ。治めていたのはシュッドーダナ国王。その妃であるマーヤーが、お産のために実家に里帰りする旅の途中、現在のネパール南部にあるルンビニー園に立ち寄ったとき、男の子が妃の右のわき腹からするりと生まれたと伝えられている。

男の子はゴータマ・シッダールタと名づけられた。ゴータマの意味は「最上の牛」。シッダールタの意味は「目的を達したもの」。シッダールタはともかく、なぜ名前が「牛」なのだろうとあなたは疑問に思うかもしれない。理由は簡単。当時のインドに暮らす多くの人たちは、牛を神聖な動物として崇めるバラモン教を信じていたからだ。

だからヒンドゥー教徒が多い今のインドでも、牛は神聖な動物とされていて、決して食べられることはない。つまりインドでは（原則的に）ビーフカレーはない。使われる肉はチキンかマトンがほとんどだ。こんなところにも宗教の影響は現れている。

シッダールタは生まれてすぐに立ち上がり、右手で天を、左手で地を指差して、「天上天下唯我独尊《てんじょうてんげゆいがどくそん》」と言ったと伝えられている。もちろん伝説だ。実際に言ったわけじゃないだろう。この有名な言葉の意味を、「この世界で私がいちばん偉い」と訳す人がいる。もし本当にそう言ったのだとしたら、相当にいやな奴だ。でも少なくともその後のシッダールタの人生を考えたとき、「この世界で私がいちばん偉い」などという驕《おご》りの言葉を、生まれてすぐに口にするような人とは思えない。

「唯我独尊」における「我」は、シッダールタ自身を表すだけではなく、すべての人、すべての命を表していると考えたほうがいい。どんな命もひとつだけで尊いのだ。言い換えればどんな命も平等なのだ。今ではこのように解釈するほうが一般的だ。

裕福な王子の悩み

当時のインドで信じられていたバラモン教は、牛を神聖な動物にするだけではなく、司祭階級（バラモン）を最上位に置くカースト制度を、何よりも重要な教義としていた。バラモンの次はクシャトリヤ（戦士・王族階級）、次はヴァイシャ（庶民階級）、そして最後はシュードラ（奴隷階級）だ。これらの階層はとてもはっきりと分割されていて、違う階層同士の結婚など絶対に許されない。だからシュードラの子供はやっぱりシュードラだ。いくら努力しても変わらない。

しかもカーストは四つだけではない。これらのカーストに収まらない人たちはパンチャマと呼ばれ、仕事は自由に選べないし、生まれた場所からの移動も許されないなど、最下層の人として徹底的に差別されていた。ほとんど人としては扱われていなかったと言ったほうがいいかもしれない。なにしろパンチャマの意味は、「触ってはならない穢《けが》れた人たち（不可触賤民《ふかしょくせんみん》）」なのだから。

王の息子として生まれたシッダールタの階級はクシャトリヤだ。相当に高い。おまけに何不自由なく暮らせるほどに裕福だ。普通なら不満など持たない。でもシッダールタは、生まれてすぐに、このカーストを否定した。すべての人は平等なのだと宣言した。

もちろん母親のわき腹から生まれたとか、生まれてすぐに直立して言葉をしゃべったなど、明らかに後世に作られた伝説だろう。でも事実ではないにしても、このエピソードは、シッダールタの性格や思想、そして仏教の本質を、とても明確に表している。

この後も順次紹介してゆくけれど、宗教の始祖たちの歴史には、いろんなエピソードがある。伝説や言い伝えもとても多い。中にはとても信じられないような話もある。だから柔軟な解釈が必要だ。たとえばシッダールタが母親であるマーヤーのわき腹から生まれたとの説は、とても難産だったことを表していると解釈することができる。なぜならシッダールタを産んでから七日目に、マーヤーは亡くなっているからだ。

生まれてすぐに母親を失ったシッダールタは、母親代わりとなった叔母のマハープラジャーパティーに育てられた。シャカ族にとっては大切な王子さまだ。三つの宮殿を季節が変わるごとに移り住み、多くの御付きの人が与えられて、とても優雅な生活を送っていた。

やがて十七歳になったシッダールタは、同じシャカ族の娘であるヤショーダラと結婚し、生まれた息子はラーフラと名づけられた。

優しい妻とかわいい息子。満ち足りた生活。何不自由ない人生だったはずだ。でもシッダールタは悩んでいた。何に悩んでいるのか自分でもわからない。食べるものも着るものも充分にある。でも何かが足りない。何かが欠けている。それが何かわからない。

修行との出合い

そんなある日、シッダールタは散歩に出かけようと、宮殿の東の門を出た。そこには貧しい身なりの老人がうずくまっていた。シッダールタはそれ以上足を進めることができず、急いで宮殿に引き返して南の門に向かった。

そこで出会ったのは、今にも死にそうな病人だった。あわてて引き返したシッダールタは、西の門から外に出ようとした。でも門の前にいたのは葬儀の列だった。悲痛な声をあげて嘆き悲しむ人たちをしばらく眺めてから、シッダールタは宮殿に戻り、今度は北の門から出ようとした。

北の門にいたのは、家や家族を捨てた修行者だった。世俗の欲や悩みなどを断ち切ったかのようなその姿を見たシッダールタは、自分も家や家族を捨てようと決意する。

シッダールタと四つの門をめぐるこのエピソードは、「四門出遊《しもんしゅつゆう》」と呼ばれている。三つの門でシッダールタが出合った「老い」と「病気」と「死」は、すべての人にとって共通の苦悩であり、不安や恐怖の根源となるものだ。贅沢三昧の王子だろうが食べるものすらないパンチャマだろうが、この三つを回避することは絶対にできない。つまり人は、生きている限り苦しみから逃れられない。そして最後は必ず死ぬ。

ならば人は、何のために生まれてきたのだろう。

多くの人はそんなことを、時おりはちらりと思う。あなたも考えたことがあるかもしれない。でも深くは考えない。だってこの疑問ばかりにとらわれていたら、人生を楽しめない。それにいくら考えたとしても、明確な答えになど決してたどり着けないことも、何となくわかっている。

でもシッダールタはそうは考えなかった。たぶんとても生真面目な人だったのだろう。幼いころに田んぼで鳥に食べられる虫を見て、とても強い衝撃を受けたとのエピソードも残されている。きっとずっと考え続けていたのだろう。

自分は確かに恵まれた生活をしているが、シュードラやパンチャマなど最下層のカーストにいる人たちは、何のために生まれてきたのだろう。いやそもそも自分だって、確かに衣食住には恵まれているが、やはり老いと病気と死からは逃れられない。それは誰もが変わらない。ならば人生とは苦悩ばかりなのだろうか。人は苦悩するために生まれてきたのだろうか。

そんなことを悩み続けていたシッダールタにとって、北の門で出会った修行者の姿は、とても強いインパクトがあったに違いない。自分も修行をしてみたいとシッダールタは考えた。修行さえすれば、この不安や苦悩を解決できるかもしれないと希望を持った。

苦行のすえにたどり着いた悟り

こうしてシッダールタは、家族や財産や王位や国を捨てて、修行の旅に出る。このとき二十九歳。旅に出たシッダールタは何人かのヨーガ行者を訪ねながら、時には弟子入りし、ヨーガの瞑想《めいそう》法などを学び、これを習得した。とても熱心に修行したから、ヨーガでは相当に高度な技法である無我の境地に入る技術を、短期間のうちに身につけたといわれている。

でもシッダールタは満足しなかった。技術は技術だ。本質ではないと感じていた。

たとえ一時的に無我の境地に入ることができたとしても、また必ずこの不安や苦悩に満ちた世界に戻ってこなくてはならない。そうなれば悩みや苦しみはまた始まる。

ならば苦しみから逃げるのではなく、むしろ目をそらしてはならないのだと、シッダールタは考えた。自分だけではなく、あらゆる命が生まれ落ちた瞬間から苦しんでいる。その理由と原因を見定めて、そこから解放されるための真理を見つけたい。そのために家族や国を捨てたのだ。

そう考えたシッダールタはヨーガ行者たちと別れ、苦しみを正面から体験するため、ウルヴェーラの森で極限的な苦行生活を始めることにした。このときに父であるシュッドーダナ王の要請で、五人の修行者（五比丘《ごびく》）が、シッダールタの身を守るために苦行に同行した。

シッダールタの苦行は、六年という長い期間にわたって続けられた。たとえば牛や羊のように草だけを食べる生活を行なったり、鋭い棘をもつ草の上に身を横たえたり、灼熱の太陽を目がつぶれそうになるまで凝視したり、何週間も絶食をしたりするなどの苦行だった。苦痛を直視するための修行なのだ。だから考えられるかぎりのありとあらゆる苦痛を、六年にわたって自分に与え続けた。衣服をまとわず、墓場で眠り、ほとんど食事もとらず、ついには死人に間違われるほどに衰弱したけれど、やはり真理は見つからない。不安や苦悩の理由、これらから解放される真理に、どうしても近づけない。

とうとうシッダールタは、ともに苦行を続けてきた五人の修行者に、「このまま苦行を続けても真理に到達するとは思えない」と告げる。少し前までの自分は、シャカ族の王子としての贅沢で楽な人生を送っていた。そして今は、自分の身体を極限まで痛めつける苦しみ多き人生を送っている。真理へと通じる本質はそのどちらにもない。一かゼロかと考えすぎていた。本質はそのあいだ（中道）にあるはずだ。シッダールタはそう考えた。

でもシッダールタは苦行に耐えかねたのだと思った五人は激しく落胆し、シッダールタを一人残して、新たな修行の場を求めてバーラーナシー（現在はヒンドゥー教の聖地であるベナレス）の鹿野苑《ろくやおん》へと去っていった。

取り残されたシッダールタは、近くの村の娘スジャータから牛乳で作ったお粥の布施を受けて、苦行で衰弱した気力と体力を回復させた。それから菩提樹の下に座り、東の方角を向いて、長い瞑想を始めた。

寝そべったり好きなものを飲み食いしたりするわけじゃない。だから決して楽ではない。でもむやみに自分の身体を痛めつけたりするわけでもない。つまり苦でもない。

中道であることの意味に気づいて瞑想をはじめてから二十一日後、シッダールタは悟りをひらく。たった三週間かよと思いたくなるけれど、それまでの修行で、すでに充分に下地はできていたと解釈すべきなのだろう。シャカ族の王子として生まれたゴータマ・シッダールタが、悟りを開いた人を意味するブッダ（仏陀）となった瞬間だ。このとき三十五歳。

すべてのものは「無常」である

ここまで読んであなたは、ブッダがたどり着いた悟りとは何だろうと思うはずだ。僕も思う。悟りって何だろう。でもここでもし、言葉で簡単に説明できることなら、たぶんそれは真の意味での悟りではない。

だからとにかくいろんな資料から、僕なりにまとめたことを以下に書く。これが正しいかどうかはわからない。それほどに仏教の思想は難しい。底が深い。たぶん宗教の専門家からすると、部分的には不正確なところがあるかもしれない。でもそれほど大きくは間違ってもいないはずだ。あとはあなたが考えてほしい。

世界では日々さまざまなことが起きている。あるいはさまざまなものがある。そしてさまざまな人がいる。そのどれひとつをとっても、それだけで単独に存在しているものなどない。

たとえばあなたが今読んでいるこの本は紙でできている。紙の原料であるパルプは木からできている。木は種から成長した。その種は今から数十年前に、同種の木からぽとりと落ちた。あるいは鳥が木の実をかじってその種を落としたのかもしれない。その鳥は卵から生まれた。その卵を産んだ鳥だって、いきなりこの世界に現れたわけではない。鳥が落とした木の実も、もしもその瞬間に強い風が吹いたなら、違う場所に根付いていたかもしれない。そうするとあなたが今読んでいるこの本の材料には、別の木がなっていたかもしれない。

すべての物や現象は、こうしてあらゆる物や現象と、とても有機的に結びついている。それは今現在のあらゆる物や現象の横のつながりでもある。あるいは時間や空間を超えた過去からのつながりでもある。あなたも例外ではない。いろんな偶然が積み重なって、あなたは今ここにいる。

あなたのお父さんとお母さんが結婚していなければ、あなたはこの世界に生まれていなかった。そしてあなたのお父さんやお母さんは、そのお父さんやお母さん（つまりあなたにとってはおじいさんやおばあさん）が結婚していなければ、この世界に生まれていない。あとはそのくり返し。これをずっとたどっていけば、人類の先祖である原人の時代や恐竜の時代、さらには原始の海で最初の生命が誕生したときにまで遡《さかのぼ》る。気の遠くなるような無限に近い確率の偶然が重なって、あなたはこの世界に誕生した。その無限に近い確率の偶然がたったひとつでも違っていたら、あなたはこの世界に存在していない。

見方を変えれば、それは偶然ではなく、あなたがここにあるための必然だ。いろんな必然が積み重なった結果として、あなたは今ここにいる。

この「すべてのものは関係しあっている」ことを、仏教では「縁起《えんぎ》」という。縁起が良いとか悪いとかのフレーズは、日常生活においてもよく使う。でもブッダが気づいた（そして仏教思想の根本にある）「縁起」は、僕たちが普通に使っている縁起とは意味がだいぶ違う。

これ有るとき　彼有り　これ無きとき　彼無く　これ生ずるとき　彼生じ　これ滅するとき　彼滅す

これはブッダの死後に編纂された初期の経典である阿含経《あごんきょう》の一節。何度もくり返し暗誦してほしい。ブッダが悟った「縁起」について、この短いフレーズは、とても明確に表している。「これ」と「彼」には好きな言葉を入れていい。大好きなミュージシャンのCDタイトルでもカレーライスでもクラスの友人でも嫌な先生でも東京ディズニーランドでも新幹線でもいい。すべてがつながっている。すべてが関係している。

自分が生きる世界のすべては「縁起」によって関係づけられていると気づいたブッダは、次に「苦とは何か」と「どうしたら苦から逃れられるか」を考えた。

「苦」とは何か。これを考えるためには、この世界のすべてのものはつながっていることと同時に、すべてのものは移ろいゆくということを、まずは知らねばならない。ものは壊れる。そして生きものは死ぬ。今のまま変わらないことをどれほど強く願っても、永久に変わらないものなどない。すべては変化する。

これが「無常」。ところが人は人の心が変わることを嘆く。失ったものをいつまでも惜しむ。人が死ぬことを哀しむ。

ブッダはこの状態を、すべてのものが「無常」であることに気づかない「無知」であると説く。無知は迷いを生み、迷いは欲望につながり、欲望は執着を生む。

この執着が苦を生む。だから苦から逃れるためには、すべてのものに対する執着を捨てなくてはならない。

でもこれは難しい。人はあらゆることに執着する生きものだ。お金がほしい。誰かを好きになる。親や妻を愛す。社会的な名声を得たい。仕事を続けたい。このすべては執着だ。ブッダはこれを捨てなさいと説く。それが悟りへの道なのだと。

人々を苦しみから救うための布教

悟りを得て瞑想から覚めたときのブッダは、自分が中心になった教団を組織するとか多くの人に布教するといった意志を、ほとんど持っていなかった。なぜなら悟りは教えたり教わったりするものではない。自分で気づくものなのだ。

そう考えていたブッダが積極的に布教を始めた理由は、突然目の前に現れた梵天（バラモン教の最高神であると同時に宇宙の根本原理でもあるブラフマン）が、人々を苦しみから救うために教えを広めなさいと言ったからだと伝えられている。

教えを広めることは多くの人を苦しみから救うことでもあると考えたブッダは、鹿野苑で今も苦行を続けている五人の修行者に会いに行く。苦行をやめたブッダに失望していた五人は、近づいてくるブッダの表情が、まるで別人のように神々しく見えることに驚いた。ブッダは彼らに静かに言う。

「真理は苦行によっては得られない。快楽に溺《おぼ》れるのではなく、肉体を痛めつけるのでもなく、中道を守ることによってのみ、真理を得ることができるのだ」

これがブッダの最初の説法である「初転法輪《しょてんぽうりん》」だ。この教えの中には、「中道」の思想以外にも、「四諦《したい》」や「八正道《はっしょうどう》」など、仏教にとっての基本的な原理が含まれている。四諦の意味は、「四つの真理」。それぞれの内容を、ブッダは以下のように説明した。

一、苦諦

生老病死や愛するものとの別れ、求めても得られないことなど、人は生まれてから死ぬまで、さまざまな悩みや苦しみを体験する。つまり生きることは苦であることを知ること。

二、集諦

そのさまざまな悩みや苦しみは、あらゆるものを果てしなく求め続ける心を持つことから生じていることを知ること。

三、滅諦

この苦しみを、もしなくす（滅す）ことができるのなら、その境地はまさしく悟りであると知ること。

四、道諦

苦から逃れるのではなく、その苦の根源を知り、そして滅し、最終的には悟りに到達する方法が仏道であると知ること。

この四つの真理を知り、そして四つめの道諦における「悟りに到達する方法」を説いたものが八正道だ。

この説法を聞いた五人の修行者は大いに納得して、ブッダの最初の弟子となった。こうしてブッダの布教の旅が始まった。いろいろなエピソードがあるけれど、ひとつだけ有名な話を紹介しよう。

旅を続けながらマガダ国の首都であるラージャグリハに着いたブッダは、数百人の信者たちとともに暮らすバラモン教の指導者ウルヴェーラー・カッサパの教団を訪ねる。そこでブッダはカッサパに、「あなたの教団の聖堂に一夜だけ泊めてもらえないか」と頼み、カッサパはこれを承諾した。

火の神を崇拝するカッサパの聖堂は、火を吐く巨大な蛇が祀《まつ》られていた。ところが翌朝、一瞬にして蛇に焼き殺されたとばかり思われていたブッダは、涼しい顔でカッサパの前に現れた。おまけに手にした小さなビンの中には、火を吐く蛇が閉じ込められている。

驚くカッサパの目の前で、ブッダは教団のすぐそばを流れる川の水位を変えるなどの奇跡を見せる。とうとうカッサパはブッダの前にひれ伏して、ふたりの弟や数百人の信者たちとともに、ブッダの弟子になった。

ブッダが実際にこんな奇跡を起こしたかどうかは僕にはわからない。火を吐く蛇や川の水位を変えた話などは、たぶんというか間違いなく、後世に作られたものだと思う。もちろんあなただって、そんなことが本当にあったとは思わないだろう。

このエピソードは、当時のインド社会では多くの人から当たり前のように信奉されていたバラモン教が、ブッダの教えに屈服したことを示している。儀礼や祭事ばかりを重要視して格差や差別を肯定するバラモン教に絶望していた貧しい人たちは、ブッダの教えに必死に耳を傾け、その教えを実践した。こうして少しずつ弟子の数は増え続けた。

ブッダの入滅

悟りを開いてから五年後、ブッダが四十歳になったとき、父であるシュッドーダナ王が亡くなった。いったんは城に戻ったブッダは、かつての家族たちに教えを説いた。義母のマハープラジャーパティーと妻のヤショーダラ、息子のラーフラ、従兄弟のアーナンダやダイバダッタなども出家して弟子となった。その後もブッダの旅は続き、弟子たちはさらに増え続けた。

旅の途中にブッダは大病にかかる。一時はかなり深刻な病状で、弟子たちはみな心配したが、やがて回復する。ほっとした弟子のアーナンダが、「これから進むべき道を完全に教えてもらえるまでは、決してお亡くなりにならないのだと安心しました」と思わず口走ったとき、ブッダはこのように言ってアーナンダを諭したという。

「私に何を期待するのですか。もうこれ以上は語ることなどない。私は老いて、ようやく命を保っているに過ぎないのです。あなたたちが頼りにすべきは、他人ではなく自分自身と、そして仏法（真理）だけなのです。自分自身を灯明とし、自分自身をよりどころとするのです。仏法を灯明とし、仏法をよりどころとするのです」

このときに使われた「自灯明《じとうみよう》・法灯明《ほうとうみよう》」という言葉は、ブッダが自らを神格化することを否定した教えとして、とても重要だ。

やがて八十歳になったブッダは、パーヴァ村で土地の名士に食事に招待され、そこで食べたキノコ料理（豚肉料理という説もある）で食中毒を起こし、危篤状態になった。激しく泣いて悲しむアーナンダに、ブッダは以下のように言う。

「アーナンダよ。悲しむなかれ。嘆くなかれ。わたくしはかつてお前に説いたではないか。人は必ず、愛するすべてのものから別れ、離れるということを。この世界に存在するすべてのものは、やがて消えるということを」

そう言ってからブッダは、弟子たち全員にこう告げる。

「さあ、修行僧たちよ。お前たちに告げよう。もろもろの事象は過ぎ去るものである。怠ることなく修行を完成しなさい」

この言葉を最後に、ブッダはクシナガラという町の沙羅双樹《さらそうじゅ》の下で、右半身を下に頭を北にして、静かに息をひきとった。これを「入滅《にゅうめつ》」という。今もお通夜などで亡くなった人を布団に寝かすとき、頭を北に向ける習慣は、ここから始まっている。

生前のブッダは「自分を崇拝するな」「もしも自分が死んでも葬儀は必要ない」などと言っていたが、さすがに遺体を放置するわけにもゆかない。結局は弟子たちの手によって遺体は火葬され、その舎利《しゃり》（遺骨）は八つの国の王たちの求めによって分配された。それぞれの舎利は供養塔（ストゥーパ）に納められた。

紀元前二五〇年ごろにインドを制圧していたアショーカ王は、仏教を広く伝えるために、八万四〇〇〇個のストゥーパを建てて、その一つひとつにブッダの舎利を入れた。このストゥーパというサンスクリット語が音訳されて、今の日本の法事などでよく見られる卒塔婆《そとうば》となった。

日本にもストゥーパはたくさんある。仏舎利塔《ぶつしゃりとう》と呼ばれている。世界最古の木造建築として世界遺産に日本で最初に登録された法隆寺は、五重塔のてっぺんと柱の二カ所に、ブッダの舎利が納められているといわれている。まあそれが嘘か本当かは、もう誰にもわからない。世界中のお寺やストゥーパに納められているブッダの遺骨をすべて集めると何トンにもなるとの説もあるけれど、だからといってどれが本ものでどれが偽ものかなど、もう誰にもわからない。

分裂していくブッダの教え

ブッダの死後に残された弟子たちは、ブッダの教えをできるだけ正確に後世に残さねばならないと考えて、それぞれがブッダから聞いた教えや言葉を、合議によって編纂する作業を始めた。これを仏典結集《ぶってんけつじゅう》という。この中心になったのは、いつもブッダのそばにいたアーナンダやウパーリ、マハーカーシャパという弟子たちだ。

仏典結集は、その後も何度か行われ、やがて文字として記録され、今に残される数々の経典のベースとなっている。

二回目に開催された仏典結集で、衆生《しゆじよう》（一般の人々）から寄進されたお金を、どのように処理すべきかという議論になった。

当然ながら生前のブッダは、お金や財産などへの執着を固く禁じていた。だから寄進されたお金は蓄えるべきではないと主張するグループがいた。でも入滅直前のブッダが「細かな戒律にこだわる必要はない」と言ったこともあって、寄進されたお金なら信者たちの生活のために蓄えてもよいのではないかと主張するグループも現れて、結局この二つは分裂した。これを「根本分裂《こんぽんぶんれつ》」という。

ブッダの教えを固く守り、お金や財産など持つべきではないと主張したグループは上座部《じょうざぶ》と呼ばれ、かつてブッダがしたように、修行によって自分自身が悟りの境地に達することを目的とした。

お金や財産を持つことを肯定したグループである大衆部《だいしゅぶ》は、ブッダは自分が悟りの境地に達することだけではなく、生きるものすべての魂を救おうとしたのだと考えて、これを実践するための自分たちの教えを、多くの生命が乗る大きな乗りものにたとえて大乗仏教《だいじょう》と呼んだ（大衆部と大乗部とは、直接のつながりはないとの説もある）。

上座部はインドから南の地域を経由して東南アジアなどに伝わっていったので、南伝仏教と呼ばれることがある。現在では、スリランカ、タイ、ミャンマー（ビルマ）、ラオス、カンボジアなどの国々で信仰されている。これに対して北のモンゴルやチベットなどを経由して中国や日本などに伝わった大乗仏教は、北伝仏教とも呼ばれている。

ブッダが入滅したあとのインドでは、バラモン教が土着の宗教と融合したヒンドゥー教の巻き返しが始まっていた。人々の仏教への熱を冷まさねばならないと考えたヒンドゥー教の祭司たちは、ヒンドゥー教における最高神であるヴィシュヌの化身がブッダであり、ヴェーダ（バラモン教やヒンドゥー教の聖典）を悪人から遠ざけるために、敢えて偽りの宗教である仏教を広めて、人々を混乱させたのだとの説を広めようとした。

いかにも下心が見え見えの論法だけど、これを聞いてブッダに失望した人々は、決して少なくなかったようだ。多くの人は再びヒンドゥー教を信じ始め、結局はブッダ誕生の地であるインドでは、仏教はとても小さな勢力に縮小した。しかし結果としては、だからこそ仏教は新天地を求め、インドから外へと広がっていったとの見方もできる。もしも仏教がインド国内のエリアで隆盛を誇っていたら、民族宗教にはなったけれど、世界宗教にはなっていなかったかもしれない。

執着からの解放

ブッダが入滅してから七〇〇年ほどが過ぎたころ、「縁起」とともに仏教の重要な教義である「空《くう》」の概念が、大乗仏教の僧である龍樹《りゅうじゅ》によって体系化された。「空」とはなにか。最もポピュラーなお経である般若心経《はんにゃしんぎょう》で、「色即是空　空即是色」と謳《うた》われるあの「空」だ。「色《しき》」とは形（物質）。あるいは「目に見えるもの」の意味。だから「色即是空　空即是色」の意味は、「宇宙の万物は因と縁によって存在しているだけで、固有の本質や実体はない。それを知覚しているこの世の現象の姿こそが空である」ということだ。

……わからないだろうな。実は僕も書きながらよくわからない。まあそれも当たりはずがない。

前。これは仏教の奥義なのだから、簡単にわかるはずがない。西遊記で有名な玄奘《げんじょう》(三蔵法師)が中国からインドへ経を求めて命がけの旅をした理由は、この空や唯識《ゆいしき》(それぞれの人にとっての世界は、それぞれの人の認識の中にしかなく、またその認識も実在するものではないとする考え方で、「空」の発展形でもある)などの考え方が、どうしても理解できなかったことが理由なのだ。僕やあなたに簡単に理解できるはずがない。

木も草も犬も猫も机も学校も水もあなたもすべて形である「色」。そしてこの「色」は必ず変化する。やがて消える。だから「色」には不変の実体はない。

「空」とはすべてが関係してつながっていること。お父さんやお母さんがいなければ、あなたは生まれていない。生まれたあなたが生き続けるためには水が必要だ。炭水化物やミネラルやビタミンも必要だ。要するにハンバーガーやオレンジジュースや味噌ラーメン。もちろん空気がなければ生きてゆけない。太陽の光も必要だ。友人や恋人も現れる。あなたはあなた単独では存在していない。周囲のすべてとつながっている。だからすべてのものは、「色」としては分かれながら存在しているけれど、「空」として見た場合にはひとつであるととらえることもできる。つまり「空」は、ブッダが唱えた「縁起」を、すべてのものは互いに矛盾しながら依存し合っているとして、より一般化した思想であるともいわれている。

世界は無常だ。万物は流転する。その万物はあなたの心の中にある。だから変わらないものなどない。でも人は自分が所有する物が変わり、消えることに耐えられない。永遠を願う。だから苦しい。人は老いる。やがて死ぬ。物は壊れる。やがて消える。でもこの世界から完全に消えるわけではない。あなたのおじいさんのおじいさんのおじいさんがいるから今あなたはいる。何万年も前に飛んでいた一羽の鳥が木の実を食べたから、今あなたが読んでいるこの本が存在している。何かは何かに変わる。形を変えて。

でも人はこの事実を、なかなか認めることができない。ずっと変わらずにいてほしいと願う。変わらずにいるものと思い込もうとする。だから苦しい。悩む。悶える。悩むのは誰か。苦しむのは誰か。誰でもない。それは自己だ。つまりあなた自身。自己があらゆるものにつながりながら存在していることに、この自己は気づいていないからだ。

もしも自分の利益や欲を捨てることができるなら、自己はつながりとしてだけの意味になり、あらゆるものの存在を肯定することになる。だからブッダは自己を否定する。いや正確には否定ではない。存在を前提にするから否定が生まれる。自己（我）は存在しないとブッダは説いた。この我を滅する（なくす）ことができたとき、すべての執着から人は解放される。つまり涅槃《ねはん》の境地に入る。

すべてのものは、つながっている

……僕は少し説明を急ぎすぎたかもしれない。何度も書くけれど、仏教の教えはかなり難しい。僕も本当に理解できているとは自分で思っていない。でもブッダや龍樹が伝えようとしたことのイメージは、何となくではあるけれど感じとっているつもりだ。その何となくのイメージを、あなたにも共有してほしい。そう思いながらここまでを書いた。

もちろん自己を否定することなど簡単ではない。執着（煩悩《ぼんのう》）をすべて捨てることなど、普通はどう考えても不可能だ。だから人が持つという百八つの煩悩をあらわしている除夜の鐘を撞く音を、僕たちは毎年の大晦日にしんみりと聞くことを繰り返す。何度聞いても煩悩は消えない。だから死ぬまで繰り返す。当然だ。それが人なのだから。

ブッダが唱えた教えは、実のところは宗教というよりも、生きるための哲学に近い。生前のブッダは、自分のことを神であるとは一度も言っていない。また宇宙や空のどこかに造物主や創造神などがいるとも言っていない。ブッダがひたすら唱えたことは、この世界に永久に存在するものなど何一つなく（神さえも）、またすべては時間や空間を超えてつながっているということ。その真理さえ知れば、人や物への執着から離れることができて、生きる苦しみから解放されるということだ。

ブッダが入滅してしばらく経ってから、ブッダとはゴータマ・シッダールタという名を持った一人の存在ではなく、彼が生まれる以前の過去にも現れたことがあるし、死んだあとの未来にも現れるとの説が、弟子たちによって唱えられ始めた。

こうして自らを決して神とは言わなかったブッダの神性が強調された。つまり神格化だ。大乗仏教ではこの考えがさらに発展し、この世界と時空間を別にしたそれぞれの世界に、それぞれの世界のブッダが存在していると考えた。この多くのブッダの中には、西方極楽浄土《さいほうごくらくじょうど》の阿弥陀如来《あみだにょらい》や、東方浄瑠璃《とうほうじょうるり》世界の薬師《やくし》如来などが含まれている。今も日本のお寺のあちこちに祀られている仏像の多くは、そんな思想のもとに生まれた仏さまや神さまたちだ。

つまりブッダが開祖となった仏教は、時とともに宗教らしく（布教しやすくなるように）形を整え、特に日本など大乗仏教が定着した地域では、再び多神教的なアニミズムと融合しながら発展したとの見方もできる。

ブッダが生きた時代のインドは、ブッダが王子として生まれたシャカ族の国も含めて都市国家が乱立し、常に戦争の状態にあった。ブッダが七十八歳のとき、シャカ族はコーサラ国に滅ぼされたが、それでもブッダは争いを否定し続けた。自分の生まれた国が滅ぼされたというのに、しかも自分はその国の正当な王位継承者だったというのに、ブッダは戦うことを選択せず、いがみ合う各国の王たちに和平を説き続けた。

ありとあらゆるものはつながっている。そして永劫《えいごう》に続くことはない。ブッダの国を滅ぼしたコーサラ国は、やがてマガダ国に滅ぼされた。そのマガダ国はインドのほぼ全域を支配するほどに繁栄したが、やがて分裂して消滅した。

ありとあらゆるものはつながっている。しかも流転する。同じままではない。

仏教が伝わる前の日本

ブッダが生まれた紀元前六世紀とほぼ同じころ、中国では儒教と道教という二つの思想が生まれていた。紀元前一世紀のころに北伝（大乗）仏教が中国に伝わり、四～六世紀にかけて、広い国土のあちこちに定着する。道教や儒教と部分的に融合しながら広まった中国の仏教は、縁起を知り執着から脱するという本来の教義から後退し、国家鎮護（災いや戦乱をしずめ国の平安を守ること）という役割を担いながら発達し、やがて日本へと伝わってきた。

仏教が伝来する前の日本は、神話と精霊の国だった。縄文時代には、すでに、死者の魂が悪霊となって蘇ることを防ぐための屈葬《くっそう》（死者の腰や手足を折り曲げて埋葬する方法）が行われていた（屈葬の理由については他にもいくつかの説があるが、いずれにしても死後の魂の存在を前提とした風習だったと考えられる）。稲作文化が定着した弥生時代は、山の神や水の神、地の神や海の神などへのアニミズム信仰が盛んだった。

三世紀に中国の魏《ぎ》に使者を送った卑弥呼《ひみこ》は、邪馬台国《やまたいこく》の女王であると同時に、超自然的な力で霊たちとコミュニケーションを交わすシャーマンだったと推測されている。この邪馬台国の時代を経て、日本は大和朝廷が支配する時代になり、八世紀前半には「古事記」と「日本書紀」が編纂《へんさん》される。

古事記には、日本という国土が、高天原《たかまがはら》の神々によって創造されたことが記述されている。神々の指示を受けた伊邪那岐と伊邪那美の夫婦は、多くの神や日本の国土をつくるが、伊邪那美は先に死んでしまう。その魂を現世に連れ戻すために、伊邪那岐は死者の魂が暮らす黄泉《よみ》の国を訪ねるが、結局は連れ戻すことは叶わない。黄泉の国に行って穢れた自分の肉体を浄めるために伊邪那岐が川で身体を洗ったとき、左目から太陽神である天照大神が誕生する。

この天照大神の子孫である磐余彦《いわれびこ》が、初代天皇である神武天皇で、その即位の日は、今の建国記念日（二月十一日）だ。

古事記に登場する神々は、やがて神道における神々へとなってゆく。たとえば日本の内閣総理大臣が慣習として正月に参拝する伊勢神宮には、天照大神が祀られている。伊邪那岐は近江の多賀大社だ。天照大神の弟で八岐大蛇《やまたのおろち》を退治する須佐之男命は、京都の祇園にある八坂神社や埼玉の氷川神社などに祀られているし、その子孫で「因幡《いなば》の白兎《しろうさぎ》」のエピソードで知られる大国主命《おおくにぬしのみこと》は、出雲大社や奈良の三輪神社などに祀られている。

神社に祀られるのは、古事記に登場する神さまたちばかりではない。地域の氏神（その氏族にゆかりの神。あるいはその地域を守る神）や道祖神（その地域に悪霊が入ってくるのを防ぐため、境界に祀られる神）、アニミズム的な海や山の神、巨木や石が祀られている場合もある。明治神宮には明治天皇が祀られているし、乃木神社に祀られているのは明治時代の軍人である乃木将軍だ。菅原道真や平将門、徳川家康も祀られているし、靖国神社には戦争で死んだ兵士たちの英霊が祀られている。

要するに何でもあり。それが神道だ。神話の神もいればアニミズムの神もいるし、動物や石や樹木すら信仰の対象になり、実際に生きていた人も神として祀る。これらすべてに共通することは、後述する「穢れと禊」の概念くらいだろう。世界においてもこんな宗教は珍しい。

つまり神道には唯一絶対神がいない。祀られている神々の多くは万能ではないし、完全でもない。思慮の浅い神もいれば、欲深い神や嫉妬深い神もいる。このあたりはギリシャ神話とよく似ている。

大らか過ぎる日本の仏教

そんな神話の国である日本に、朝鮮半島を経由して中国から仏教が伝来したのは六世紀。外来文化の導入に熱心だった蘇我《そが》氏（仏教派）と物部《もののべ》氏（神道派）との対立などを経て、聖徳太子の時代に、仏教は日本における最初の隆盛の時代を迎えることになる。

ただし日本に伝来した仏教は、中国で国家鎮護を目的に、大きく形と教えを変えた仏教だった。だから単純な釈迦（ブッダ）への信仰ではない。この時代の僧たちの多くは、今で言う公務員のような存在だった。もしもブッダがこの様子を見たら、「私が唱えた真理はここにはない」と嘆いたに違いない。

その後に仏教は、政治に利用されたり利用したりをくり返しながら、天台《てんだい》宗や真言《しんごん》宗、浄土宗や浄土真宗、時《じ》宗や日蓮《にちれん》宗、臨済《りんざい》宗に曹洞《そうとう》宗などへと枝分かれしてゆく。

江戸時代になると、檀家《だんか》（信者）からのお布施を収入基盤とする檀家制度が幕府によって完成され、寺の経営は安定した。その結果として、布教への積極的な意欲をなくすお寺が現れた。

教えを広めようとの意欲が消えるということは、(選民思想を教義に持つユダヤ教などは例外としても)宗教の意味を失いかけるということと同じ意味を持つ。さらに寺の側がやる気をなくせば、民衆の側だって当然ながら意欲を失う。

こうして、お盆の法事や葬式などのときにしか寺に足を向けないという宗教形態が完成した。これが今も事あるごとに批判される葬式仏教だ。葬式や法事のときばかりに意味を持つ宗教。これには先祖崇拝を何よりも重要視する儒教の影響も大きい。

日本の仏教のもうひとつの特徴は、神道やアニミズムなど、日本古来のさまざまな信仰や宗教を、融合しながら取り込んでいったことだ。仏教が山岳信仰と結びついた修験道などがその典型だ。

以前からいた神(神道やアニミズム)と中国からやってきた新しい仏(仏教)とを矛盾なく共存させるために、神仏習合《しんぶつしゅうごう》(神と仏、その教えなどがひとつになること)という考えが現れた。つまり古事記など神話に登場する八百万の神々は、実はさまざまな仏(菩薩や如来、天部なども含む)が、それぞれの化身となって、仏教が伝来する前の日本の地に現れていたのだとする考え方だ。これを本地垂迹《ほんじすいじゃく》という。仏は本地(真実の姿)で神は垂迹(仮の姿)であるとする思想。だから今も、同じ敷地に神社とお寺があることは珍しくない。

そもそも大乗仏教は広まる過程で、インドの民族宗教であるヒンドゥー教の神々を、仏として取り入れていた。だから日本の仏教には、ヒンドゥー教や神道の多くの神が、とてもごちゃごちゃになりながら存在している。たとえば七福神として知られる大黒天は、シヴァ神と大国主命がひとつになったもので、毘沙門天はクベーラ神、弁財天はヒンドゥー教の女神であるサラスヴァティー神の化身といわれている。他にも東大寺の戒壇院《かいだんいん》などに配置されている四天王など、多くの如来や菩薩は、ヒンドゥー教や神道など、他の宗教や神話の神々に起源を持っている。

これを日本語で融通無碍《ゆうずうむげ》という。少し過激に言えばご都合主義。定まった意見や考えを持たず、その場の都合や成りゆきで、どのようにも態度を変えること。世界の他の宗教から見れば、日本の仏教は寛容を通り越して、あまりにいい加減で無節操に見えるだろう。

イスラム教やキリスト教などが典型だが、その国や地域の宗教は、その国や地域に暮らす人たちへの影響がとても強い。また別の見方をすれば、他所から伝来した宗教は、その国や地域に暮らす人々の考え方や習慣などから影響を受けながら、その国や地域に合わせた形に変わってゆくとも考えられる。

ならばその国や地域に暮らす人々の思考の様式や精神形成を考えるうえで、どんな宗教が信仰されているかを知ることは、とても重要なヒントになる。

だから日本人の特性である、

一、集団の意見に同調しやすい
二、大きな権力にはあまり逆らわない
三、YESかNOではなく、曖昧な返事を好む

などは、日本における宗教の歴史や神への認識などを考えるとわかりやすい。こうした融通無碍な宗教観を、山本七平は「日本教」と呼んだ。その中核に神はいない。自然と人間なのだ。言い換えれば空気。場の圧力。きわめて重要な指摘だと思う。

もちろん、こうした日本的な空気には、良い面と悪い面がある。集団の意見に同調しやすいということは、和の精神を大事にしていると言い換えることもできる。あいまいな返事を好むということは、極端な考え方や行動を抑制することができるとも考えられる。

ただし空気や集団の圧力に同調しやすいということは、ひとつの色に染まりやすいということでもある。つまり相転移（ある状態が別の状態に変わること）しやすいのだ。反対意見を出しづらい。議論しない。ブームやベストセラーが、世界一生まれや

すい国とも言われている。これを言葉にすれば、一極集中に付和雷同。これもまた日本人の特徴だ。だからこそ自主規制や忖度《そんたく》などの要素が発生しやすい。場の雰囲気で決めてしまう。その結果として大きな間違いを起こす。

なぜアメリカに戦争を挑んだのか（冷静に考えれば勝てるはずはないのに）。なぜ（世界で最初に公害と認定された）水俣病は発生し、その後も原因となる有機水銀を海に流し続けたのか。なぜ原発はこれほどに増えたのか（日本の原発の数は、アメリカ、フランスに継いで世界第三位だ。でもアメリカは国土が広いしフランスは地震がほとんどない）。

他にも事例はいくらでもある。特に企業や行政の不祥事などの際に顕著《けんちょ》だが、明確な犯人や責任者はいない。いないのにありえないことが起きてしまう。敢えて犯人を上げれば場や空気だ。これは日本社会の大きな特質だ。そして結果としては誰も責任をとらないこのシステムに、宗教的な空白が関与している可能性は決して少なくない。

引き離された神道と仏教

この国の近代の歴史と宗教との関係は、宗教が政治に利用されたときの悪しき実例を、とても明確に示している。

長く続いた徳川幕府が明治維新で終わりを告げ、新しい国の形を決めるにあたって明治政府は、ヨーロッパにおける立憲君主国をモデルとした。このときに明治政府の中枢の位置にいた伊藤博文《いとうひろぶみ》は、キリスト教がヨーロッパ諸国における国民統合の基盤であることに気づき、日本伝来の宗教である神道を、日本国民の精神的な支えにしようと考えた。

こうして明治政府は、天照の子孫といわれる明治天皇を現人神《あらひとがみ》として崇拝の対象にすることで、天皇を中心とした政体（政治形態）を目指しながら、近代化と中央集権化を推し進めた。

つまり神道を仏教よりも上に置き、さらに神道と皇室との結びつきを強調した。それまでは渾然としていた仏教と神道の関係は引き離され、寺院や仏像、経典などが破壊される廃仏毀釈《はいぶつきしやく》運動が、日本各地で引き起こされた。江戸幕府が制定した檀家制度によって、長く特権を与えられながら保護されていた仏教にとっては、厳しい冬の時代を迎えることになる。

神道（天皇制）を日本国民の精神的な支えにする。明治政府はそう考えた。ところが欧米各国の憲法を手本にして起草された大日本帝国憲法には、自由な宗教を信仰する権利が明記されている。つまり信仰の自由が保障されていた。ならば神道や神話によってオーソリティ（正統性）を担保されている天皇制の基盤（政体）との矛盾が生じる。そこで明治政府は、「神道は宗教ではない」と規定して、天皇を崇拝することと神社への信仰を国民の義務とした。つまり国家神道だ。

神道は宗教ではない。……ここからして相当に無理がある。特に昭和の初期から太平洋戦争にかけての時期において、皇室と結びついた神道は、他国と戦争を起こすときの大義として、あるいは国のために戦って亡くなった人々の霊を祀る場所として、とても重要な役割を果たしていた。

例えば、朝鮮や台湾、中国などのアジア地域を支配するときは、大日本帝国の主権者である天皇への絶対的な忠誠を要求する教育が行われた。これを皇民化政策という。具体的には自国の言葉を捨てて日本語を公用語とする言語統制や、それぞれの国における伝統や文化の否定、学校現場における教育勅語の奉読《ほうどく》（改まった気持ちでつつしんで読むこと）や、日の丸掲揚・君が代斉唱などの強制だ。

さらに明治政府は、台湾神社や朝鮮神宮などの神社をそれぞれの地に建立し、伝統宗教を捨てて神社に参拝することを、地元の人たちに強制した。

政治に利用された宗教の行くすえ

ここまでを要約すれば、明治期から昭和の初めの時代まで、神道は国家によって利用されながら（神道が国家を利用したとの見方もできる）繁栄したということになる。終戦の年である一九四五年、連合国軍総司令部（GHQ）は、神道は日本を軍国主義へと導いた危険な思想であるとして、国家から分離することを日本政府に通達した。こうして国家神道の時代は終わることになる。

これを国民の側からいえば、明治政府によって半ば強制的に与えられた神道への信仰を、戦争が終わると同時にGHQによって、やっぱり半強制的に奪われたということになる。さらに戦争が終わってすぐに、それまでは現人神として崇拝されていた天皇自らが、自分は神ではなく人間であるとの人間宣言を行った。

つまり日本の近代化を宗教的な視点から見れば、神さまが一方的に与えられたり奪われたり名乗ったり否定したりの歴史でもあったということになる。しかもこの結果、多くの人の命が犠牲になった。

信仰は自由であるべきだ。法やルールとはそぐわない。だって神さまはそれぞれの心の中にある。これを外から規定したり強制したりすることなどできない。

でも（特に前近代的な）政治的権力は、信仰を法やルールで強制的に縛ろうとする。江戸時代に伝来したキリスト教を信じる人たちは、幕府や藩によって踏み絵を強制され、打首や磔《はりつけ》にされたりした。日本だけではない。宗教は特に黎明《れいめい》期において、政治権力からは常に迫害や虐殺の対象とされ、その結果として戦争の大きな要因となってきた。

神道という宗教が、戦争を肯定するような要素を特に強く持っていたわけではない。でも結果として神道は、明治期に為政者たちによって天皇制強化のための理論として利用され、そして天皇制もまた、日本は世界の盟主となるべきなのだと信じる軍人や為政者たちに利用された。

もちろん利用するほうが悪い。でも利用されるほうにも利用されただけの責任はある。特に宗教は利用されやすい。だからこそ僕たちは知らねばならない。宗教の歴史を。意味を。機能を。そして神さまを。

第三章　キリスト教

神の子・イエスを開祖とする世界最多の信者数を誇る宗教

ユダヤ教抜きには語れない宗教

世界宗教の二つめは、世界で最も信者の数が多いキリスト教だ。でもキリスト教について書く前に、ユダヤ教についても少しだけ触れておきたい。なぜなら世界宗教であるキリスト教とイスラム教を理解するためには、民族宗教であるユダヤ教を知っておくことが前提となるからだ。

ユダヤ教を信仰する人をユダヤ人という。旧約聖書によれば、紀元前二〇〇〇年ごろに、族長（たぶん地域のボス的な存在）であるアブラハムに率いられてメソポタミア（今のイラク）からカナン（今のイスラエル中部一帯とヨルダン川西岸地区パレスチナ）に移住した遊牧民が、ユダヤ人のそもそもの祖先ということになる（最近の研究では、アブラハムの出身地は今のトルコ近郊との説もある）。啓典《けいてん》の民《たみ》の祖（神から遣わされた言葉、という意。詳しい意味は後で触れる）と呼ばれるアブラハムが移住を決意した理由は、神の啓示があったからとされている。このときの神が、ユダヤ教の唯一絶対神で、万物の造物主でもあるヤハウェだ。

天地万物を創造したヤハウェの名前の意味は、ユダヤ人の言語であるヘブライ語で「私はある」。つまり正確には名前ではない。というか、「私はある」なのだから、意味もあまりない。その姿を目にすることはできない。なぜならヤハウェには顔も身体もない。エホバと呼ばれることもある。「律法・預言書・諸書」からなるユダヤ教の聖典（キリスト教では旧約聖書）の「創世記」第三章によれば、天地を創造したヤハウェは、最初の人類であるアダムとエバをつくり、二人を楽園である「エデンの園」に住まわせた。二人はヤハウェから「園の中央にある（善悪を知る）木の実を食べてはいけない」と言われていたが、蛇にそそのかされたエバはその木の実を食べてしまい、アダムもエバに勧められて食べてしまう。

これに怒ったヤハウェは、蛇には地を這う嫌われものとして生きる運命を与え、エバには男に支配される苦しみと出産の痛みを与え、アダムには食料を得るためのつらい労働を与え、さらに二人から永遠の命を奪って、エデンの園から追放する。

男に支配される苦しみとかアダムにだけ労働のつらさを与えるとか、今ならジェンダー的に大問題になるけれど、とにかくこうして人類の先祖であるアダムとエバは、それまで知らなかった善悪の意識や羞恥心《しゅうちしん》、知恵などを得ることと引き換えに、「苦」と「死」を与えられたのだと創世記は記述している。

迫害され続けたユダヤ人

このアダムとエバの子孫であるユダヤ人は、紀元前一三〇〇年ごろのエジプトで奴《ど》隷《れい》として使役されていたが、アブラハムと同じように神の啓示によって指導者となったモーセに率いられて、エジプトから脱出する（出エジプト）。長くつらい旅の終盤、シナイ山に一行がさしかかったとき、ヤハウェはモーセに「十戒《じっかい》」を与える。子供のころに観た映画「十戒」では、チャールトン・ヘストン演じるモーセの目の前で、空から落ちてきた稲妻が、大きな岩にヘブライ語でこの十戒を刻んでいた。

十戒には「他の神を信仰してはならない」や「人を殺してはならない」などと併せて、「神の像を作ってはならない」や「神の名をみだりに唱えてはならない」などの記述もある。だからユダヤ教とイスラムは神の像を作らないし、その絵も描かない。そもそもヤハウェには顔も身体も名前もないのだから、像や絵に表しようがない。

十戒を守ることと引き換えに、ヤハウェはユダヤ人を神から選ばれた特別な民族として認める契約を交わした。これが旧約だ。つまり人類と神との旧《ふる》い約束。

つらく長い旅を終えて、ヤハウェから約束された土地であるカナンに戻ったユダヤ人たちは、その後もバビロン（イラク南部）に強制移住させられるなど、何度も周辺の国や民族に迫害されたり支配されたりしながら、自分たちは「神に選ばれた民である」との選民思想を強め、紀元前五世紀には律法（モーセ五書）や預言書、諸書（詩篇・箴言《しんげん》など）から構成されたユダヤ教の聖典を編纂する。これがキリスト教における旧約聖書だ。この聖典を編纂したころとほぼ同じ時期に、ユダヤ人たちはヤハウェを祀るエルサレム神殿を再建した。

こうしてユダヤ教が成立した。しかしその後もユダヤ人は、さまざまな国からの迫害や支配を受け続ける。決して神話や昔話ではない。ごく最近までそうだった。

歴史的に被虐《ひぎゃく》され続けたユダヤの人たちは、（第二次世界大戦が終わってから連合国に占領された時期を別にすれば）それまで一度も外国の軍隊が上陸したことがない日本とはずいぶん違う。

日本の場合、危なかったのは鎌倉時代に蒙古《もうこ》の軍隊が日本に襲撃してきたときだ。圧倒的な戦力を誇る蒙古軍の襲来だったが、突然吹いた神風で、蒙古軍の船は壊滅的な打撃を受け、退散したと伝えられている。このときに風を吹かせた神は、天照など古事記の神々だ。

八百万の神々は日本民族を守ってくれているとして記憶されたこの体験は、その後の日本人の考え方に、大きな影響を与えた。もしも無謀な戦いを起こしても、最後には神さまが何とかしてくれるとの思想だ。第二次世界大戦末期の特別攻撃隊（特攻）

は「神風」と呼ばれ、戦後はkamikazeとして翻訳されて自分の危険を顧みない無鉄砲な攻撃の意味を持ち、二〇〇一年のアメリカ同時多発テロのときは、多くの国のメディアがアルカイダの攻撃をkamikazeと形容した。

このときは石原慎太郎東京都知事や多くの人たちが、「神風とテロとはまったく違う」と怒っていたけれど、でも「靖国（神社）で会おう」と言いながら片道分の燃料しか積まない戦闘機に乗り込んだ特攻隊の乗務員たちと、死んだら神の国に行って祝福されると思いながら旅客機をハイジャックして高層ビルなどに突撃したアルカイダの男たちとのあいだには、一般市民を巻きこむかどうかの違いは確かに大きいけれど、宗教という視点から見れば、ほとんど違いはないと僕は思う。どちらも一人ひとりは必死だった。強く思い込んでいた。自分たちは正義なのだと信じていた。

厳しい神ヤハウェ

有史以来、ユダヤ人は故郷を持たず、常に虐げられ続けた民族だった。そんな彼らが信仰した宗教がユダヤ教だ。信者にとって神さま（ヤハウェ）は、決して優しい存在ではない。願いを聞いてくれることもほとんどない。守らねばならないことを、人はヤハウェから一方的に与えられ、これを守らなければ罰を与えられる。それも軽いお仕置き程度ではない。ノアの方舟やソドムとゴモラ、バベルの塔などのエピソードが示すように、ヤハウェは徹底してすさまじい罰を与える。何人死のうが気にしない。しかもすぐキレる。

もしもヤハウェが人ならば、スターリンやヒトラー以上に並外れて残虐な独裁者として、歴史に名を残していただろう。でもヤハウェは人ではない。創造主であり造物主。この世界のすべてをつくった絶対的な存在だ。だからユダヤ教の信者はヤハウェを畏れる。無条件で認め、無条件に従う。戒律《かいりつ》も守る。そんな敬虔《けいけん》な信者に対してだけ、ヤハウェは祝福し、死後には楽園に行くことを約束してくれる。

厳しい神。罰を与える神。これは同じヤハウェを信じるイスラム教にも共通している。イスラム教でヤハウェはアッラーフという名前になるが、同じ意味であり同じ神だ。

イエスの誕生

神は厳しい。でも同じヤハウェが神でありながら、キリスト教はちょっと違う。優しいのだ。なぜならイエスがいる。

今から約二〇〇〇年前、ローマ帝国に支配されていたユダヤの街ベツレヘムの馬小屋で、イエスは生誕した。父親はナザレに住む大工のヨセフ。そして母親はマリア。生まれたその日は十二月二十五日であるとして、今は世界各地でこの日に降誕祭（クリスマス）が行われるけれど、イエスが本当にこの日に生まれたかどうかは、実のところはっきりとはしていない。

ちなみにクリスマス・イブのイブは、イブニング（晩）のこと。当時は日没から次の日没までが一日の単位だった。だから二十四日の夜に生誕を祝う。日本ではイブを前夜祭と訳すけれど、それは明確な間違いだ。ちゃんとしたキリスト教徒や欧米の人ならば、この訳には首をひねるはずだ。普通に考えれば、前夜祭なのにあれほど盛大に祝うはずがない。

日本ではお祭りの意味に使うカーニバルも、間違えた翻訳の一つだ。本来の意味は、キリスト教の復活祭前の四旬節が始まる前（時期としては冬から春にかけて）に行う行事である謝肉祭だ。リオのカーニバルも毎年この時期に行われる。つまり教会暦に由来する特別な祭典なのだ。ところが日本では、毎年八月に開催される浅草のカーニバルや村おこしのカーニバルとか、時期や宗教性を無視して祭りの意味で使われている。

今では世界中で使われる西暦だけど、この暦の数え方の起源は、キリストが生まれた年を紀元一年にしたことから始まっている。紀元を示すA.D.は、ラテン語のAnno

Domini（主の年に）を縮めたもの。紀元前を意味するB.C.はBefore Christ（キリストの前）の意味。ただし最近の研究では、イエスが生まれた年は、紀元元年よりもう数年早かったとの説が有力になりつつある。でもこれだけ広まって定着してしまったのだから、今さら変えられない。クリスマスやカーニバルなどの行事と並んで、キリスト教の習俗や文化が、いかに世界中に広がった（そして日本では多くが間違って使われている）かを示すエピソードだ。

イエスが生まれたベツレヘム、そして幼年から青年期を過ごしたナザレは、今のイスラエルやパレスチナ自治区にある。この時代にこの地に住んでいた人たちの多くは、イエスも含めてユダヤ人だ。長く他国や他民族に支配され迫害され続けていたからこそユダヤ人は、いつか救世主（メシア）が現れて、自分たちをつらい状況から救ってくれると信じていた。

ところでイエスの名前は、べつに「はい」とか「OK」の意味じゃない（子供のころ、僕はしばらくそう思っていた時期がある）。イエスはイエズスとも呼ばれ、語源はヘブライ語のヨシュアで、「神は救う」という意味になる。当時のユダヤ社会ではとても平凡な名前だった。英語ではジーザス（Jesus）と表記される。キリストの語源はギリシア語の「クリストス（Χριστός）」で、ヘブライ語では「メシア」。意味は「香油を注がれた人」。当時の香油はとても貴重なものだったから、メシアは「聖なる人」や「救世主」という意味になる。だからイエス・キリストを翻訳すれば、「神が救う聖なる救世主」という意味になる。僕やあなたの名前とは少し違う。キリストは姓ではなくて、のちにつけられた称号のようなもの（ブッダもこれに近い）と考えたほうがいい。

イエスが産まれたとき、マリアとヨセフは婚約者の関係で、まだ結婚はしていない。突然現れた大天使ガブリエルから、「マリア、恐れることはない。あなたは神から恵みをいただいた。あなたは身ごもって男の子を産むが、その子をイエスと名付けなさい」「聖霊があなたに降り、いと高き力があなたを包む。だから生まれるものは聖なる者、神の子と呼ばれる」（「ルカによる福音書《ふくいんしょ》第一章」）と告げられた。

いきなり登場したこのガブリエル。実はキリスト教だけではなく、ユダヤ教やイスラム教にも登場する大天使だ。その意味では宗教界の顔役。ちょっとだけヤハウェのパシリっぽいところもあるけれど、名前くらいは知っておいて損はない。最も古いガブリエル（ヘブライ語ではガヴリーエール、アラビア語ではジブリールと呼ばれる）の記述は、旧約聖書の「ダニエル書」にあらわれる。キリスト教では、ラファエル、ミカエル、ウリエルとともに四大天使の一人であると考えられている。男か女かはわからない。聖書にはそんな記述はない。天使には性別はないと考えたほうがいいのかもしれないけれど、絵画などでは多くの場合、ガブリエルは女性の姿で描かれている。

当時のユダヤ人たちが暮らしていた地域（今のイスラエル）は、ローマ帝国に統治されていた。でもユダヤの王もいた。ヘロデ王だ。ある程度の権力は与えられていたけれど、ローマ帝国からの指示には逆らえない。雇われオーナーみたいな存在だ。こういう微妙な立場にいる人ほど、部下や弱い立場の人に威張りちらす場合が多い。ヘロデはその典型だったようだ。「ユダヤの新しい王がベツレヘムに誕生した」と占星術師から聞いたヘロデは、もしもそれが事実なら自分の王座が危うくなると考えて、兵士たちに命令を下す。

「ベツレヘムに暮らす二歳以下の男の子すべてを殺害せよ」

自分の王座を守るために、二歳以下の男の子すべてを殺す。ひどい話だ。ただしこれは新約聖書の記述だ。実際にそんなことがあったかどうかはわからない。でもありえなくはない。なぜなら人は、とても簡単に現状や環境に順応する生きものだ。北極にも暮らせるし、赤道直下でも生活している。ひとつの種でこれほどに広い生息圏を持つ動物は、他にはちょっといない。適応と馴致《じゅんち》（馴れさせること）の能力がとても高い。だからこそ人類はこれほどに繁栄できた。でも良い面ばかりではない。弊害も大きい。周囲の環境や自分が置かれた立場に、疑問を持つ力が弱くなることだ。

だからもしあなたが二〇〇〇年前のベツレヘムで王位についていたら、当たり前のようにそんな指示を大臣に命じていたかもしれない。もしもヘロデ王に仕える兵士なら、やはり当たり前のように男の子を殺していたかもしれない。

特に正義とか善とか、多くの人が正しいとか間違っているとか主張して決まる概念は、とても揺らぎやすくて不安定だ。だからこそ人は間違いを何度も犯す。その瞬間には間違っていることに気づかない。それが正しいと何となく思い込んでいる。そしてあとから首をかしげる。どうしてあんなことをしてしまったのだろうかと。人はそんなことをくり返している。大人はあなたたちよりも多少の分別はあるけれど、でも逆に言えばその程度。実のところはそれほど変わらない。

神の子としての自覚

ヘロデの命令を実行すべく、兵士たちは武器を持ってベツレヘムの街に向かう。夢で天使から危険が迫っていることを伝えられたヨセフとマリアは、兵士たちに襲撃される前に、幼いイエスを抱いてエジプトに逃亡した。

やがてヘロデは死に、ヨセフとマリアは、成長したイエスとともにナザレへと戻る。イエスはヨセフの仕事である大工を手伝いながら、三十歳になるまでは、とても平凡な生活を送っていた。

……平凡な生活を送っていたと僕は今書いたけれど、ちゃんとした資料や文献があったからそう書いたわけではない。実のところはわからない。イエスの生涯を伝える資料は、基本的には新約聖書に描かれた福音書だ。確かなことはその福音書に、イエスが三十歳になるまでのエピソードは、ほとんど書かれていないということだ。

でもまったくないわけじゃない。イエスが十二歳になったときのエピソードが、「ルカによる福音書」第二章にはこのように記述されている。

敬虔なユダヤ教徒であるヨセフとマリアが、ユダヤの神であるヤハウェが祀られているエルサレムの神殿に詣でての帰り道、一緒に歩いていたはずのイエスが、いつのまにかいなくなっていることに気がついた。あわてて道を戻った二人は、神殿でユダヤ教の宗教学者たちと話し込んでいるイエスを見つける。青ざめて神殿に戻ってきた二人にイエスは、「私が父の家にいるのは当然ではありませんか」と言ったという。

このときイエスが言った「父」とはヨセフのことではなく、ユダヤ教の神であるヤハウェのことだ。つまりイエスは十二歳のころにはすでに、自分が神の子であるとの意識を持っていたということになる。

イエスが生まれたベツレヘムは現在のパレスチナ自治区にあり、育ったナザレは、現在のイスラエル北部にある。これらの地域では、二〇〇〇年前にはユダヤ教を信じることが当たり前だった。なぜなら彼らはユダヤ人だからだ。

ユダヤ人は、紀元前二〇〇〇年ごろ、つまりイエスが生まれるほぼ二〇〇〇年前から、パレスチナに移住してきたといわれている。それまでのユダヤ人は長いあいだ、土地を持たない流浪の民として、他民族に支配されたり、住みなれた土地を追われたりといった苦しい生活を続けていた。

時代はもう少しあとになるけれど、イエスが死んでから四十年近くが過ぎたころ、エルサレムはローマ軍の攻撃によって壊滅する。ユダヤ人たちは再び中東やヨーロッパへ四散し、それは二十世紀初頭まで続く。つまりディアスポラ（離散・流浪）の民だった。

故郷（土地）を持たないからこそ、自分たちをつなぐ要素を彼らは必要とした。不安で寄る辺ないからこそ、ひとつにまとまりたいとの意識を、彼らは強く持っていた。ユダヤ教はそんな彼らにとって、自分たちはひとつであるとの願いや意識を確認するうえで、とても重要な位置を占めていた。それはかつて近代化を進めようとした大日本帝国が、神道を国民統合の基盤にしようとしたことと近いかもしれない。

ただし日本の歴史においては、政治家や軍人たちによって、神道は国民に半強制的に与えられた。ユダヤの歴史の場合は、人々が自発的に、ユダヤ教を強く求めた。この違いは大きい。国家神道はGHQによって、あっさりと解体させられた。でももし、ユダヤ人たちが同じ状況に置かれたとしても、ユダヤ教を手放すことは絶対にないだろう。

ユダヤ教の神はヤハウェだ。彼らにとってはこの世界の創造主。他に神はいない。長いあいだ他の民族から支配されたり迫害されたりしてきたユダヤ人は、自分たちをヤハウェから選ばれた特別な民族であると考えるようになった。これを選民思想ということは前述した。今はまだ苦しい生活を送っているが、ヤハウェの意志として示された決まり（律法）を守れば、いつかはヤハウェが、選ばれた民族である自分たちを救ってくれると信じる思想だ。

ちなみに選民思想は日本にもあった。長く続いた天皇制の歴史に元寇《げんこう》のときに吹いた神風の記憶などが相まって、「自分たちは神に選ばれた民族なのだ」との思い込みにつながった。この意識は、日本がアジアを率いることは当然なのだとする思想へと拡大し、欧米列強の植民地主義に刺激されながら、二十世紀初頭にアジアへの侵略を始めるひとつの要素となった。これを当時のスローガンに置き換えれば、脱亜入欧に富国強兵だ。

つまり当時の日本人の多くは、アジアを蔑視しながら、欧米と肩を並べる軍事力を持つことで国が栄えると思っていた。間違いなく上から目線ではあるけれど、欧米列強の支配からアジアを解放してやるつもりだったことも確かだろう。でもアジアの多くの人たちは、日本の侵略行為と見なしていた。これもまた、善と正義が都合よく決められてしまうひとつの事例といえる。

救世主誕生の瞬間

イエスが十二歳のときのエピソードが語るように、イエスの父であるヨセフも、母であるマリアも、唯一絶対神であるヤハウェを信奉する敬虔なユダヤ教徒だ。イエスの親戚もご近所もみなユダヤ教徒であり、もちろんイエスだってユダヤ教徒だ。まずはこのことを頭においてほしい。

三十歳を過ぎたころ、イエスはヨルダン川で、バプテスマのヨハネから洗礼《せんれい》を受ける。バプテスマの意味は洗礼。ここからイエスの、メシア（救世主）としての短い人生が始まる。

ところであなたは、洗礼（バプテスマ）の意味をわかっているだろうか？　決めつけて申し訳ないけれど、たぶんよくわかっていないと思う。なぜならこの言葉は、本来とは違う意味でよく使われるからだ。たとえば新聞のスポーツ欄などには、こんな文章がよく載っている。

立て続けにホームランを浴びてプロの洗礼を受けた。

ここで使われている洗礼の意味は、その後の人生に大きな影響がある初めての体験をすることだ。つい最近プロ球団に入団したばかりのこのピッチャーは、何本ものホームランを打たれることで、プロの水準の高さや厳しさを、しっかりと体験したわけだ。

　イエスがヨハネから施された洗礼は、ユダヤ教の宗教儀式だ。しいて意味を書けば「浄化の儀式」。全身を水に浸すか、または頭部に水を注ぐことによって罪を洗い清め、神の子として新しい生命を与えられる証しとする。水は多くの宗教で、浄化の儀式に使われる。ユダヤ教やキリスト教だけではない。日本の神社にも「おきよめの水」はつきものだ。滝に打たれる修行も同じ。

「洗礼を授ける」は、ギリシャ語で「浸す」を意味する「バプティゾー（βαπτιζω）」となる。だからイエスに洗礼を施したヨハネは、「バプテスマのヨハネ」（洗礼者ヨハネ）と呼ばれる。彼はイエスの母マリアの従姉であるエリザベトの息子でもあり、イエスより少しだけ年上だ。新約聖書「マルコによる福音書」によれば、ヨハネは「らくだの毛衣を着て腰に革の帯をしめ、いなごと野蜜を食べていた」と書かれている。毛衣とは毛皮。野蜜の意味はたぶん蜂蜜。もちろん天然。いなごはバッタ。要するにヨハネは、らくだの毛皮を常に着用しながら、主食はバッタと蜂蜜だったらしい。

……いくら時代が違うとはいえ、これはちょっと危ない人だ。ただし「いなご」は翻訳の間違いで、正しくは「イナゴ豆（キャロブ）」との説もある。確かにキリスト教で聖人と称されるヨハネが、むしゃむしゃとバッタを食べている情景はちょっと想像しづらい。

いなごかイナゴ豆かはともかく、ヨハネが授ける洗礼は、人々のあいだでとても評判になっていた。イエスもヨハネから洗礼を授けてもらおうとヨルダン川にやってきた。するとヨハネは、「私のほうこそ、あなたから洗礼を授かるべきなのに」と言って、いったんは洗礼を授けることを断った。これに対してイエスは、「今は止めないでほしい。正しいことをすべて行うことは、我々にとってふさわしいことです」と言った。

何だか謎めいたやりとりだけど、洗礼を受けたイエスがヨルダン川から岸に上がってきたとき、天から「これは私の愛する子、私の心にかなう者」という声が聞こえ、鳩の姿をした聖霊が天から降りてきた。キリスト教においてはこの瞬間を、聖霊降臨と呼んでいる。

伝道の旅に出る

ヨハネから洗礼を受けたイエスは、聖霊に導かれて荒野《あらの》で四十日間の断食を行った。激しい空腹で苦しんでいるイエスの前に突然現れた悪魔（サタン）は、イエスの耳もとでこんな言葉をささやいた。「もしあなたが神の子であるなら、これらの石がパンになるように命じてごらん」

　この誘惑は、イエスが本当に救世主ならば、与えられた不思議な力で地面に転がる石をパンに変えて、飢えで苦しむ人たちを救えばいいじゃないかとの謎かけでもある。しかしこれに対してイエスは、「『人はパンだけで生きるものではなく、神の口から出る一つ一つの言（ことば）で生きるものである』と書いてある」と、旧約聖書の「申《しん》命記《めいき》」に記されている神の言葉を引用しながら言い返した。

　もしもここでイエスが、悪魔のささやきに「なるほどそれもそうだ」と応じていたら、一時的には飢える民を救った人として英雄になっていたかもしれない。でも空腹はとりあえず収まっても、心の豊かさは得られない。やがてイエスがこの世界からいなくなったとき、人々はまた飢え、争い、憎しみ合うばかりの世界になっていただろう。

　次に悪魔は、イエスを神殿の屋根の端に立たせて言った。「もしあなたが本当に神の子であるなら、下へ飛びおりてごらんなさい。神はきっとあなたが怪我をしないように守ってくれると（旧約）聖書にも書かれている」

　つまり最初の誘惑を、イエスが旧約聖書の神の言葉を持ちだして拒絶したので、「ならば神はこう言っているぞ」と切り返したわけだ。なかなかこのあたりは巧妙だ。でもこれに対してもイエスは、「『主なるあなたの神を試してはならない』とも書いてある」と言い返す。

次に悪魔は、イエスを高い山の頂上に連れて行き、この世のすべての国々とその栄華を見せてから、「もしひれ伏して私を拝むなら、これらのものをすべて与えよう」と言った。イエスは即座に言い返す。「退けサタン。『主なるあなたの神を拝し、ただ神にのみ仕えよ』と書いてある」

こうして悪魔はイエスを誘惑することをあきらめる。旧約聖書に記された神の言葉を引用しながら悪魔の誘惑を拒絶するというこのエピソードからは、この時点でイエスは、ユダヤ教の聖典を重んじる敬虔なユダヤ教徒であったということが読みとれる。

荒野からガリラヤに戻ったイエスは、伝道の旅に出ることを決意する。盲人や病人を癒し、時には治し、さらには死者を生き返らせるという奇跡を起こしながら、イエスは教えを広める旅を続ける。シモンやヤコブ、マタイやヨハネなど、イエスの教えに共感し奇跡に驚いた男たちが、弟子となることを認められて旅に同行する。

一説には十二人いたといわれる弟子たちの以前の仕事は、漁師や徴税人など、どちらかといえば当時の中流より下のランクにいる人たちだ。父であるナザレのヨセフの仕事だった大工を継いだイエスも含めて、身分は高くないし、富豪もいなければ、高い教育を受けた人もいない。普通なら相手にされない。ところが救世主を待ち望んできたユダヤの人たちは、イエスの起こす奇跡に驚嘆し、自分たちを圧政や迫害から救うヒーローとして、イエスと弟子たちを熱狂的に歓迎した。

愛を説くイエスへの批判

……ここまでを読みながら、ヨハネに洗礼を受けてからのイエスの行動は、菩提樹の下で瞑想して悟りをひらいてからのブッダによく似ていることにあなたは気がついただろうか。そのときブッダは三十五歳でイエスは三十二歳。そう思うと不思議だ。時代も場所も遠く離れているのに、二人の聖人の生涯には多くの共通項がある。

伝道に生涯をささげたイエスは、文字を書き残すということを一切しなかった。文字を知らなかったという可能性はあるけれど、とにかく徹底して、文字ではなく語った人だった。これもまたブッダによく似ている。だから今も残される二人の教えは、死後に弟子たちが記憶を頼りに編纂し、書き残したものだ。

「マタイによる福音書」の五章から七章にかけて記述されている「山上の垂訓《すいくん》」には、イエスの教えの基本的なことがほとんど込められている。「心の貧しいものは幸いである。天国はその人たちのためにある」「悪人に手向かってはならない。誰かがあなたの右の頰を打つなら、左の頰も向けなさい」「敵を愛し、あなたを迫害する者のために祈りなさい。（略）父（神）は悪人にも善人にも太陽を昇らせ、正しい者にも正しくない者にも雨を降らせてくれる」「人を裁くな。あなたがたも裁かれないようにするためである」「求めなさい。そうすれば与えられる。探しなさい。そうすれば見つかる。門を叩きなさい。そうすれば開かれる」「狭い門から入りなさい。滅びに通じる道と門は広く、そこから入る者は多い。しかし命に通じる道と門は細く狭い」

当時のユダヤ教を信じる人たちにとって、内面の愛や信仰の大切さを説くイエスの教えは、とても革新的で衝撃的だった。特に形骸化した律法ばかりを重んじるファリサイ派や、金持ちが多かったサドカイ派など、当時のユダヤ教の主流派の人たちは、ユダヤ教の異端者として、激しくイエスを憎悪した。さらに当初はイエスを救世主として歓迎した一般の人たちも、敵や悪人を愛せと説くイエスに、少しずつ失望し始めていた。

だって彼らが期待したのは、彼らにとっての敵や悪人をやっつけてくれるヒーロー（救世主）だったのだ。一時は熱狂的に期待しただけに民衆の落胆は大きく、やがて熱狂は憎悪へと変わってゆく。

人気が高いとその反動は大きい。昔だけの話ではない。特に今の日本ではこの傾向が強い。芸能やスポーツの世界で一時はみんなから熱狂的に応援された人ほど、何かのきっかけで批判が始まると、あっというまにバッシングの大合唱を浴びることになる。このころのイエスは、まさしくそんな状態だった。もしも週刊誌などがあったなら、「堕ちた偶像」とか「汚れた聖人」などの見出しが掲載されて、「愛人が何人もいる」とか「実はこっそり蓄財している」などの記事が掲載されていただろう。

ユダの裏切り

ユダヤ教の伝統的な行事である過越祭《すぎこし》の日にエルサレムに入ったイエスは、弟子たちとともに民家に宿をとり、ひとつのテーブルで食事をとりながら、「この場にいるひとりが自分を裏切ろうとしている」と告げる。そして食卓の上のパンを手にして、裂いて弟子たちに渡しながらこう言った。「これは私の身体である」

次に食卓の上のワインを手に取って、一人ひとりに渡してから言った。「これは明日流される私の血である」

弟子たちはきょとんとしていたようだ。何を言われているのか見当もつかない。食事を終えてからイエスは、「今夜、あなたがたはみな、私につまずく（裏切る）」と言った。弟子たちはようやく師が言おうとしていることの意味を理解した。自分は最もイエスに信頼されていると思っていたペテロが、「たとえ他の弟子たちがあなたにつまずいても、私は決してつまずきません」とたまりかねて反論した。でもイエスは同意しない。「今夜、ニワトリが二度鳴く前に、あなたは三度、私のことを知らないと言うだろう」

イエスのこの言葉に、ペテロは力をこめて言い返した。「たとえあなたと一緒に死ぬことになっても、私は決してあなたにつまずきません」

その夜遅く、武装した兵士や大勢の群衆たちが、イエスたちが泊まっている民家にやってきた。弟子の一人であるイスカリオテ（カリオテ出身）のユダが、銀貨三十枚と引き換えにイエスを売ったのだ。兵士たちと一緒にやってきたユダはイエスに近づいて、「先生、こんばんは」と言ってから、イエスの頬にキスをした。これが合図だった。イエスは静かに言った。「友よ、しようとしていることをするがよい」

兵士や群衆はイエスに襲いかかった。弟子たちはいつのまにか、その場から姿を消していた。つまり逃げたのだ。

こうしてイエスは捕らえられ、ユダヤ教大祭司の屋敷に護送されて、臨時の裁判にかけられた。最初からイエスを死刑にするための公開裁判だった。イエスを有罪にするための証言は嘘ばかり。でもイエスは反論しない。反論どころか何も言わない。周囲にいる群衆のフラストレーションは高まるばかりだ。最後に大祭司がイエスに「おまえはメシア（救世主）なのか」と訊ね、イエスはこれに対して、「そうです。あなたたちは人の子が全能の神の右に座り、天の雲に囲まれて来るのを見る」とだけ答える。もしもテレビのワイドショーがこの時代にあったなら、コメンテーターたちは

「まったく反省していませんね」とか「自分が犯した罪をわかっているのでしょうか」などと言っただろう。イエスの答えにあきれた大祭司は、「どう思うか」と群衆に訊ね、「死刑にすべきだ」と多くの人は大声で答え、イエスに激しい暴行を加えた。

このときペテロは、屋敷の中庭に集まった群衆の中にいた。大祭司の家の女中がペテロを見て、「あなたはあのイエスと一緒にいた」と言った。ペテロはあわてて、「あなたが何のことを言っているのか私にはわからないし、見当もつかない」と答えた。そのときニワトリが鳴いた。ペテロは外に出ようとした。女中はもう一度、「この人はあの連中の仲間です」と周りにいる人たちに言った。ペテロはもう一度これを否定した。屋敷の周囲にいた人々が、「おまえはあの連中の仲間だ」と言った。ペテロはまたそれを否定した。もう一度ニワトリが鳴いた。夜が明けかけていた。ペテロはイエスの予言を思いだして、その場で激しく泣いた。

イエスの最期

暴行を受けてから縛られたイエスは、夜が明けてから、この地を統括するローマ総督ピラトのもとに連行された。正式な裁判を受けるために。「おまえがユダヤ人の王なのか」とピラトに訊ねられたイエスは、「それは、あなたが言っていることです」

とだけ答え、あとは何を訊かれても答えなかった。

この二つの裁判でイエスが返答した言葉は二つだけ。自分がメシアであることは肯定したけれど、ユダヤの王であることは否定した。自分は人の心を救う宗教的な存在ではあるけれど、人を統治する政治的な存在ではないと言いたかったのかもしれない。

処刑を強く望む群衆の声に圧倒されたピラトは、どちらかといえば渋々ではあったけれど、イエスを十字架刑に処することを決めた。鞭打たれ、着衣を剝がされ、鋭いとげがついた茨の冠を頭に被せられたイエスは、ユダヤの人々や護送のローマ人兵士たちに、笑われ、蹴られ、葦の棒で何度も殴りつけられた。

血だらけになったイエスは、太い材木で作られた重い十字架を背負わされ、鞭打たれながら、処刑地であるゴルゴダの丘まで引き立てられた。

手足を太い釘で打たれて十字架に固定されたイエスは、取り巻いた群衆やユダヤ教の律法学者や長老たちから、「本当に神の子なら今すぐそこから降りてこい」などと罵られ、嘲笑《ちょうしょう》された。要するに神の子であることを試されているわけだ。もちろんイエスは応じない。じっと押し黙っている。

やがて午後三時になったころ、イエスはふと顔を上げ、「エリ　エリ　レマ　サバクタニ（我が神　我が神　なぜ私を見捨てたのですか）」と叫んでから、ぐったりと息絶えた。マルコによる福音書では、死ぬ瞬間にイエスは、もう一度声をあげたと書かれている。しかし何を言ったのかは書かれていない。ルカによる福音書では、最後の瞬間に「父よ、私の霊を御手にゆだねます」と言ったと記されている。ヨハネによる福音書では、イエスの最後の言葉は、「成し遂げられた」という一言だったと記述されている。

戒律を否定した〝等身大〟の聖人

少し長めにイエスの最期を描写した理由は、彼の等身大の人間らしさを、あなたにも知ってほしかったからだ。まるで聖人そのもののようなイエスだけど、十字架にかけられて死ぬ直前に「なぜ私を見捨てたのですか」と天に向かって叫んだことが示すように（最期のこの言葉については、いろんな解釈がある）、完成された聖人のイメージを裏切るようなエピソードが、実のところは聖書にかなり記されている。

エルサレムでの最後の晩餐《ばんさん》が終わったあと、イエスは弟子たちと離れてオリーブの木の根もとにうずくまり、「できることなら、この苦しみが自分から過ぎ去るように」と一人で泣いていた。弱い男なのだ。あるいは、エルサレムの神殿では、神聖な境内に多くの商人たちがいることに怒り始めたイエスは、商人たちの台や腰かけなどを蹴り倒して暴力的に追い出した。ヒステリー気質でもあったようだ。「イエスは縄で鞭を作り、羊や牛たちをすべて境内から追い出し、両替人の金を撒き散らし、その台を倒し、……」(「ヨハネによる福音書」第二章)

イエスが最初に起こした奇跡は、ガリラヤのカナという地で婚礼に呼ばれたときだった。生まれ育ったナザレからは徒歩で一時間ほど。婚礼に呼ばれていたイエスの母親であるマリアが、「葡萄酒がなくなりました」とイエスに言ったとき、イエスは「婦人よ、それが私とどんな関わりがあるのですか」と答えている。現代語に訳せば、「勘弁してくれよ。関係ねえだろう」というところだろう。わざわざ母親を婦人と呼ぶことからも、相当にむっとしていることが想像できる(結局は水を葡萄酒に変えた)。

このエピソードについては、バプテスマのヨハネと出会った直後であることにも注目したい。荒野に暮らしラクダの毛皮を身にまとい、いなご(あるいはイナゴ豆)や野蜜を食べるというストイックな苦行生活を送っていたヨハネにとって、葡萄酒は絶対に口にすることなどない飲みものだろう。でもイエスは、よりによって洗礼に使われた大事な水を、頼みを断りきれずに葡萄酒に変えてしまった。律法を守ることよりも、結婚を祝う人々のささやかな楽しみのほうを重要視したということになる。

規律や苦行を否定するイエスのこのエピソードは、形骸化した律法を遵守することばかりを重要視した当時のユダヤ教を否定するイエスの思想につながる。そしてこれもまた、やはり苦行を否定して中庸を説いたブッダの思想に重なる。

だからやっぱり不思議だ。時と場所を遠く隔てているというのに、二人の聖人の思想はこれほどに一致する。まるで共通するひとつの「何か」が存在しているかのように。

人を愛し、そして人を赦す神さま

右手に障害を持った人を、イエスは奇跡の力で治したことがある。しかしその日は安息日だった。安息日を守ることはモーセの十戒のひとつであり、ユダヤ教徒にとってはとても重要な律法だ。今も敬虔なユダヤ教徒は、安息日には車の運転はしない。エレベーターのスイッチすら押さない。しかしイエスは、「律法のために人があるのではなく、人のために律法があるのだ」と、あっさりとこの戒律を否定する。こうしてイエスはユダヤ教の大祭司や長老たちから激しく憎まれて、結局は十字架にかけられることになる。

自分がやがてユダヤ教徒たちから殺され、三日目に復活するだろうとイエスが予言していたこと、そしてその予言のとおりに、処刑されてから三日後にイエスは復活して、生前の姿そのままに弟子たちの前に現れたことを、福音書は伝えている。

これがイエスの復活だ。ここからキリスト教の歴史が始まる。なぜなら十字架にかけられるまでのイエスは、律法に従属することに異を唱えてはいても、ひとりのユダヤ教徒であるからだ。死ぬ直前のイエスが「なぜ私を見捨てたのですか」と呼んだ神の名は、ユダヤ教の唯一神であるヤハウェだ。つまりイエスの生涯は、敬虔なユダヤ教徒であると同時に、律法と形式を重要視するユダヤ教の改革者としての一生だった。

でもイエスの教えは、まったく新しい神の概念を、ユダヤ教の人々に与えようとした。罰する神さまではなく、愛し、そして赦す神さまだ。

アダムとエバは神の言いつけにそむいてエデンの楽園から追放された。ここに人間の原罪があるとユダヤ教とキリスト教は考える。だから唯一絶対の神ヤハウェは「十戒」を定めて、掟を人間に与え、これに従わない者に対しては厳しい罰を与えた。ところがイエスは、人類が持つこの原罪を、自分の死をもって償《つぐな》おうとした。

だからどれほどに深い罪を犯したとしても、神の掟にそむいたとしても、悔い改めることによって誰もが赦《ゆる》される。なぜなら神は私たち一人ひとりを深く愛しているから。そしてイエスは私たちの原罪を償うために、自らの命を差しだしたのだから。決して二〇〇〇年前のあの時点だけではなく、今もイエスは十字架にかけられて苦しんでいる。私たちを赦すために。だから私たちも他人を赦さなくてはいけない。新約聖書はそう教えている。

神の子であるイエスを通して、神と人が新たな契約をしたことを、新約聖書は前提にしている。いわば契約更新の証明書だ。でもユダヤ教徒は契約が更新されたとは認めていないから、新約聖書を聖典とはみなしていない。

新約聖書を構成する福音書や使徒言行録などは、聖書というひとつの形を最終的な目標にして書かれたものではない。イエスの死後、一二〇年から二〇〇年くらいが過ぎてから、多くの使徒や弟子たちによって書かれた文献や資料などを集めて編纂して一冊になったものだ。

利用される信仰心

バプテスマのヨハネによって洗礼を授けられてから、ゴルゴダの丘で十字架にかけられて処刑されるまで、つまりイエスの伝道の期間は、たったの三年間でしかない。でもイエスは人類の原罪を自らの死をもって償い、ヤハウェからその贖罪《しょくざい》が承認されたことを、自らが復活することで証明した。

だからイエスの復活後、弱くてだらしなかった弟子たちは、人が変わったように布教に励み始めた。ペテロやパウロ、そしてイエスの兄弟ヤコブらが中心になって教団を形成し、それぞれが布教の旅に出た。ユダヤを支配するローマ帝国の中にも信者たちは増え続け、やがてユダヤ教から追放される形で、イエスの教えは独立した。こうしてキリスト教は誕生する。

しかしイエスの弟子や信者たちに対して、ローマ帝国の為政者たちからの迫害や弾圧は熾烈《しれつ》だった。暴君として名高い第五代皇帝ネロは、ローマの街で大火災が起きたとき、火をつけたのはキリスト教徒だとの噂をまき散らして市民の憎しみを煽《あお》りながら、多くの信者を処刑した。ヨハネ以外の十二使徒もみな布教を続けながら、最後には民衆や為政者によって処刑された（殉教）と伝えられている。

ところが信者は減らなかった。弾圧や迫害を受ければ受けるほど増え続けた。やがてキリスト教を利用することで、支配下の多様な民族をひとつにまとめて統治できることに気がついたコンスタンティヌス帝は（母親がキリスト教徒だったこともあって）、キリスト教に寛容な政策をとり、三一三年に発布したミラノ勅令《ちょくれい》によってキリスト教を公認する。さらに三八〇年にはテオドシウス帝によって、キリスト教はついにローマ帝国の国教となった。

圧倒的な大国であるローマ帝国の国教となったことで、キリスト教は急速にその勢力を拡大した。各地域の土着の文化や宗教を取り入れたり駆逐したりしながら拡大するその過程において、イエスの教えについての解釈がいくつかに分裂した。最も中心的な勢力となったカトリック教会は、異なる解釈を示す他の宗派を異端として排斥し、さらに大きな権力となってゆく。

十一世紀にはキリスト教にとっての聖地エルサレムがイスラム教に占領されたとして、カトリック教会を中心に十字軍が結成され、二〇〇年にわたって何回も遠征がくり返された。キリスト教とイスラム教の最初の戦いだ。

十字軍結成の背景には、聖地を取り返そうという信仰への情熱があった。でも実際のところは、西欧諸侯の領土的野心や商業圏確保の要素も、とても強く働いていた。もしも十字軍に参加した兵士たちの一人ひとりにこの遠征に参加した理由を訊ねたら、そのほとんどは「聖地奪還と聖地巡礼の安全確保だ」と答えるだろう。十字軍に参加して敵と戦えば地上の罪が赦されると教会は宣伝したから、「自分が過去に犯した罪を赦してもらうため」と答える兵士もいるかもしれない。いずれにしても彼ら一人ひとりは、そんな純粋な気持ちでこの遠征に参加した。でも結果としてこの遠征は、侵略であり略奪であり虐殺だった。

宗教は人を純化する。あるいは単純化する。そして時には、この純化や単純化を利用する人が現れる。自分の欲望や利益や理想を実現するために。

神の名を唱えながら武器を持つ

利用する側とされる側だけがいるわけではない（もしそうであるならば話はとても簡単だ）。人は欲望の生きものだ。おいしいものを食べたいし、大きな家に住みたいし、病気のときはよく効く高い薬を飲みたい。そんな欲望を実現しようとする方向が、聖地を守るとか教義に従うとか異教徒の迫害から自分たちの信仰や家族を守るなどの方向と、ぴったりと重なるときがある。本当は重なってなどいない。でも重なったような気分になってしまうときがある。多くの人が「これが正義なのだ」と叫ぶとき、人は何となくその声に引きずられてしまう。

そんなとき人は神の名を唱えながら武器を持つ。人を殺す。信仰を守るために。愛するものを守るために。侵略や攻撃ではなく敵から守るためなのだから、大義や正義になりやすい。でも多くの場合、敵である相手も同じように守ることを考えている。守るために攻撃する。それが神の御心なのだと錯覚してしまう。

十字軍の遠征だけじゃない。歴史はずっとそのくり返しだ。昔のことだけではない。今もある。だから知ってほしい。歴史は確かにくり返すけれど、くり返しているのは歴史ではない。くり返すのは人だ。人が同じ歴史をくり返す。

時おり思う。そろそろこの連鎖から、人類は離脱すべきときに来ているのではないだろうか。だってこれほどに同じことを繰り返しているのだ。

そしてそのためには、いろんな神さまについて考えることはとても重要だ。一〇九六年の最初の十字軍遠征の際には、エルサレムに侵攻した兵士たちは略奪や虐殺に耽り、イスラム教徒だけでなく多くのユダヤ教徒をも虐殺した。もちろんイスラム教やユダヤ教の信者たちもやりかえしたはずだ。こうして父や息子や娘や弟を殺された人たちの憎悪は残る。残った憎悪は新たな殺戮《さつりく》と憎悪に結びつく。「敵を愛し、あなたを迫害する者のために祈りなさい。（略）父（神）は悪人にも善人にも太陽を昇らせ、正しい者にも正しくない者にも雨を降らせてくれる」

イエスが山上で集まってきた多くの人たちに言ったこの言葉を、どうして兵士たちは思い出さなかったのだろう。十字軍だけではない。それからも宗教を理由にした戦争や虐殺は何度も続いてきた。武器を手にするとき、敵の首に刃をつきたてるとき、敵の兵士に銃の照準を合わせるとき、ミサイルのスイッチを押すとき、ナパーム弾を異教徒の居住区に落とすとき、なぜイエスのこの言葉を、彼らは思い出さないのだろう。神さまは殺すことなど絶対に望んでいない。憎むことなど望んでいない。

民衆の狂気と暴走

結果として十字軍遠征は、戦費として人々から集めた莫大な資金とそれまで以上の権威をカトリック教会にもたらしたため、教会は激しく世俗化し、金儲けにはしり、いちじるしく腐敗した。そんな教会内部を改革しようとしたドイツの司祭マルチン・ルターは、教皇から破門され、新しい教会組織を作る。

こうして生まれたプロテスタントは、多くの宗派へと分裂してゆく。ちなみにカトリックはラテン語で「普遍（すべてに当てはまること）」を意味し、プロテスタントは「抵抗」を意味する。

中世ヨーロッパにおけるキリスト教の負の遺産は十字軍だけではない。十二世紀後半から始まった異端審問は、正統なキリスト教ではないと教皇が見なした宗派を激しく弾圧し、信者たちを拷問し、火あぶりなどの刑で虐殺した。特にスペインでは激しい異端審問がくりひろげられ、十九世紀まで続いていた。

もうひとつは魔女狩り。中世末期から近代にかけてのヨーロッパや北アメリカで盛んに行われたこの虐殺は、女性が標的になることが多く、魔女だと噂がたてばすぐに裁判にかけられた。ところが取り調べの際には自白を強要するための拷問は当たり前のように行われて、結果として何万人もの女性が処刑されたといわれている。

異端審問も魔女狩りも、共通することは民衆の狂気と暴走だ。キリスト教がその大義名分になったことは確かだけど、どちらかといえば民衆の集団ヒステリー的な攻撃性が高まって、強引に犠牲者を血祭りにあげていた。

ここで思い出してほしい。イエスを処刑したとき、ユダヤ教ファリサイ派などの権威がイエスを亡きものにしようと画策したことは確かだけど、これに火をつけられた民衆の激しい憎悪が、ローマ総督ピラトに最終的な判断を迫ったことを。

人は群れる動物だ。一人では生きられない。でも群れは時として暴走を起こす。そんなとき人はとても残虐になる。とても理不尽になる。感情的になる。悪人だからではない。一人ひとりは善人だ。でもその善人が周囲と同じ動きをしようとするとき、集団は時として大きな過ちを犯す。そして宗教は、人が集団で暴走するとき、その大義やきっかけにされることがとても多い。

宗教と政治が結びついたとき

ルターによる宗教改革の影響を受けたカルヴァンは、全知全能であるはずの神が救済する人を決めていないはずはないと考えて、「死後に神の国へ行けるかどうかをあらかじめ神は決めている」と主張した。これを予定説という。「あらかじめ決まっているのなら悪いことをしてもいいじゃないか」とあなたは考えるかもしれない。でもそう考えて地獄に行くようなことをする人は、結局のところ最初から神に選ばれていなかった人なのだとカルヴァンは考えた。神の考えや決めたことは、人には絶対にわからない。だから、自分は選ばれているのだろうかなどと悩んでも仕方がない。自分はすでに選ばれていると考えて、選ばれたことを感謝しなさいとカルヴァンは主張した。

カルヴァンの主張に賛同した信者たちは、与えられた職業を天職とみなして勤勉に働いた。ドイツ生まれの社会学者であるマックス・ウェーバーは後に、カルヴァンの予定説が資本主義経済の原型になったと考えた。もし仮にそうだとすれば、まさしく今の世界経済の基軸原理である資本主義経済は、キリスト教の影響によって生まれたということになる。

宗教改革が始まったこの時期、キリスト教がまだ根付いていない土地への布教をもくろんで、カトリックは教皇直轄組織である修道会から、イエズス会を誕生させる。

宣教師たちは布教のために世界中に広がった。その一人が、インドを経由して一五四九年に日本までやってきたフランシスコ・ザビエルだ。

その後もカトリックとプロテスタントの争いは続き、ユグノー戦争やオランダ独立戦争、ドイツ三十年戦争などでは、多くの信者たちがイエスの名を唱えながら殺し合った。コロンブスが発見したアメリカ大陸では、「野蛮な先住民（ネイティブ・アメリカン）をキリスト教に改宗させる」との大義を掲げて、移住した白人による先住民への迫害や虐殺が正当化された。

特に十七世紀のヨーロッパでは、王の権力は神から与えられたものとする王権神授説が主流となり、神と同様の権力を与えられたと錯覚した王政は、しばしば暴走した。

思いだしてほしいのだけど、日本でも明治期から昭和期にかけて政治と神道が結びついたとき、やっぱり多くの人が不幸になった。だからあなたに実感してほしい。宗教と政治権力が結びついたとき、ほとんどが（すべてとは言わないけれど）ろくでもないことになる。昔の話ではない。今だってそうだ。大統領が就任式の際には聖書に手を置いて誓いの言葉を述べるアメリカ。イスラムの教えと政治が渾然としている中東諸国。ユダヤ教によって国民のアイデンティティを創設するイスラエル。すべてある意味で、宗教と政治が一体化した神政国家だ。そしてそんな国が、多くの戦争の当事国となっている。さらにはオウム真理教の事件に、ＩＳ（イスラム国）やアルカイダなどイスラム過激主義のテロリズムも、この系譜に入れることができる。

でも何度も念を押すけれど、信仰の心そのものが人を殺戮するわけではない。宗教は喩えれば火のようなもの。凍えた人を暖めてくれる。でも時にはすべてを焼きつくす。だからこそ神さまについて、歴史について、宗教というメカニズムについて、僕たちはもっと知って考えるべきなのだ。

特にこの国は、宗教について知らない人が多すぎる。教えている大学のゼミなどで、僕は学生たちに質問する。「イエス・キリスト自身はどんな信仰を持っていたでしょう？」

ほとんどの学生は、何を今さらというような怪訝な表情を浮かべながら、「キリスト教です」と答える。ここまでを読んだあなたは正解を知っている。ユダヤ教だ。イエスの死後に弟子たちが広めたのがキリスト教。

こんな基本的なことを知らないから、なぜユダヤ人が西欧社会で忌み嫌われたのかわからない。敬虔なキリスト教信者にとって、ユダヤはイエスを殺害した民族なのだ（実のところイエスだってユダヤ人だけど）。こうしてユダヤ人は何世紀にもわたってキリスト教を信じる人たちに憎悪され、差別され、迫害され、ナチスドイツによるホロコーストが起きる。

このとき、さすがに世界（特に自分たちもユダヤを差別し迫害してきた欧米）は衝撃を受け、欧米各国を中心とする国連はその負い目から、イスラエル建国と、その過程におけるパレスチナの民への迫害を黙認した。当然ながらアラブの人たちは怒り、中東戦争が何度も勃発する。しかしイスラエルは、アメリカの援助によって獲得した圧倒的な軍事力で、アラブ連合を一蹴し続けた。パレスチナの人たちの多くは、今も故郷に戻れない。イスラエル国内の居住地（ガザ地区など）では、今もイスラエル軍による激しい弾圧が続いている。

アルカイダやＩＳなどイスラム過激派が誕生する背景には、こうした歴史と経緯がある。だからこそ彼らはアメリカやイギリスやフランス（つまり欧米の中心国）を憎む。もちろん、だからといってテロや戦争が正当化されるわけではない。犠牲となる一般の人たちにとっては、テロは逆恨みも甚だしい。でもここまでの経緯くらいは理解すべきだ。なぜ怒っているのかくらいは知るべきだ。

五年ほど前に、ヨルダンにあるパレスチナ人たちの難民キャンプを訪ねたことがある。一軒の家に泊めてもらった。夜中にパソコンで、イスラエル軍によって殺戮されるパレスチナ（ガザ地区）の市民たちの映像を見せられた。砲弾で砕け散った遺体。子供を抱きしめながら黒焦げになった母親。泣き叫ぶ多くの人たち。モザイクなどない。目を背けたくなるほど無慈悲で無残な映像だ。パソコンの電源スイッチを切って少しだけ吐息をついてから、年下のその家の友人は、「味方をしてくれと、日本のあなたに言うつもりはない」と僕に言った。

「でも知ってほしい。いま私たちの故郷で何が行われているのか。そして理解してほしい。私たちの現状を。私たちがなぜ怒っているのか」

何度も念を押すけれど、信仰の心そのものが人を殺戮するわけではない。ただし宗教は火のようなもの。使い方を間違えれば大変なことになる。でも自らが死ぬことを知ってしまった人類は、この先も信仰を絶対に手放せない。

だからこそ考えてほしい。知ってほしい。神さまって何か。何をさせたいのか。僕たちは何をすべきなのか。

第四章　イスラム教

預言者ムハンマドを開祖とする最も新しい世界宗教

神の啓示を受けるムハンマド

世界宗教の最後は、三つのうちで最も歴史が新しいイスラム教（イスラーム）だ。イスラム教の開祖であるムハンマドは、西暦五七〇年頃にアラビア半島のメッカで、支配階級だったクライシュ族のハーシム家に生まれた。父親はムハンマドが誕生する前に死去していて、母親もムハンマドを産んですぐに息を引き取ったため、ムハンマドは祖父や商人だった叔父に育てられた。

二十五歳になったムハンマドは十五歳年上の裕福な未亡人であるハディージャと結婚し、商人として生活しながら、六人の子供を授かった。時おりメッカ近郊のヒラー山の洞窟にこもって瞑想にふけること以外は、とても平凡で穏やかな人生を送っていた。

転機は四十歳になったときに訪れた。いつものようにヒラー山の洞窟で瞑想していたムハンマドの目の前に、大天使ジブリールが現れて、脅えるムハンマドに「汝は神の使徒」と告げ、そしてムハンマドの喉もとを押さえながら、「詠め」と何度もくり返した。

実はこのジブリール、第三章にも書いたけれど、もう一つの名前を持っている。その名はガブリエル。ナザレに住んでいたマリアの前に現れて、イエスがもうすぐ誕生すると告げた大天使だ。

ジブリール（ガブリエル）は、神からムハンマドのもとに遣わされた。要するに神のメッセンジャー。そしてその神とは、イスラム教ではアッラーフ（アッラー）と呼ばれ、ユダヤ教やキリスト教ではヤハウェと呼ばれる唯一絶対神だ。つまりユダヤ教とキリスト教とイスラム教は、実は同じ神を信仰する宗教であり、（広義には）三つの宗派と見ることもできる。だからこそこの三つの宗教の信者は、啓典の民と呼ばれている。

この時代のアラビア半島の宗教は、アニミズムを基盤とする多神教だった。多くの部族がそれぞれの神を信仰していた。すでにローマ帝国の国教になっていたキリスト教は、アラビア半島のすぐ西にまで、その影響力を拡大しかけていた。

ムハンマドに対するアッラーフからの言葉による啓示はその後も続き、これをまとめたものがクルアーン（コーラン）だ。最初のころはジブリールを恐れるばかりでこの言葉から逃げていたムハンマドは、妻であるハディージャに励まされながら、やがてメッカ周辺で多くの人たちに神の言葉を伝え始め、少しずつ信者が増えていった。

ムハンマドはまずアッラーフからの啓示として、偶像を崇拝することを強く批判した。長くそれぞれの神さまを信仰していた人々は、その習慣を否定された。特に最も大きいカアバ神殿を守護するクライシュ族は、ムハンマドの教えを真っ向から否定して、両者は激しく対立し、ムハンマドたちは強い迫害を受けた。

そこでムハンマドは、七十数名の信者とともにメディナへと移住する。この旅はヒジュラ（聖遷《せいせん》）と呼ばれ、イスラム暦はこの日を年の始めとする。ちなみにイスラムとはアラビア語で「神に帰依する」という意味で、イスラム教徒の呼び方は、ムスリム（男性）とムスリマ（女性）だ。

メディナでさらに信者を増やしたムハンマドと信者たちの共同体（ウンマ）は、メッカの軍隊と何度も戦いながら規模を拡大し、やがて十万人以上の信者を抱える大きな教団となっていた。

あまりに厳しいイスラムの掟

このあいだもアッラーフはムハンマドに啓示を与え続けた。その内容の多くはムスリムやムスリマとしての生活や行動の規範や定めであり、現在もイスラム教徒たちを規定するイスラム法（シャリーア）の原型となっている。

人が作った法ではなく神が定めた掟。だから「いくらなんでも」と思いたくなるほどにシャリーアは厳しい。たとえば窃盗などの罪を犯した場合は腕や足を切断する。イスラム教を棄教《ききょう》（信仰を捨てる）することや姦通《かんつう》（男女が道徳にそむいた関係を結ぶこと）などの罪に対しては死刑。その場合の処刑方法も、公開の石打ちや斬首など、あまりに厳しくて残虐だ。

さすがに今はほとんどのイスラム国家では廃止されているけれど、イランやパキスタン、アフガニスタンやナイジェリアなどでは今も時おり行われており、国際社会から大きな批判を浴びている。ただし石打ちはイスラム独自の刑罰ではない。旧約聖書にも刑罰のひとつとして記述されている。だからキリスト教における最初の殉教者として知られるステファノは、ユダヤ教を批判したとしてこの刑に処されている。

男尊女卑的な思想もシャリーアの特徴だ。ムスリムはイスラム教以外の女性と結婚できるが、ムスリマは非ムスリムの男性との結婚は許されない。

読みながらあなたは、今どきこんなことが、とあきれるかもしれない。念を押すけれど、現在のイスラム諸国では、シャリーアを頑なに守るという国はむしろ少数派だ。でもかつては当たり前だった。罪人の腕や足を切り落とすとき、みんなで手に石を持って投げつけて罪人を殺すとき、いくらなんでも、と思う人はほとんどいなかった。

べつにイスラムだけではない。中国でもヨーロッパでもアメリカでも日本でも、歴史を少しでも学べば、人はこれほどに残虐なことができるのかとあきれる。目を背けたくなる。違う生きものだと思いたくなる。

だからあなたに知ってほしい。人はそういう生きものだ。周りの多くの人がやることなら、つられてためらいなくやってしまうときがある。周りの多くの人が大声で叫ぶことなら、つい自分も同じように大声で叫んでしまうときがある。あとから考えたときには何であんなことをしてしまったのだろうと思うようなことでも、そのときはすんなりとできてしまう。そして宗教はそんなとき、きちんと物事を考えたり悩んだり迷ったりすることを、停める働きをしてしまうことがある。

急速に勢力を拡大

六三〇年、ムハンマドと信者たちはついにメッカを陥落させ、カアバ神殿に祀られていた三六〇体の神の偶像をすべて破壊した。最近ではＩＳやアフガニスタンのタリバーンが、同じように古代遺跡や仏像を破壊して国際社会から大きな非難を受けたけれど、彼らにしてみれば、ムハンマドと同じことをやっただけなのだ（だからといって、許されることではもちろんない）。

この二年後、ムハンマドはアッラーフからの最後の啓示を授かった。

「我は汝らのために信仰を完成し、汝らに対する恩寵《おんちょう》をまっとうし、汝らの信仰としてイスラムを承認する」

……偉そうだとあなたは思うかもしれない。僕もそう思う。まあでも唯一絶対神なのだから仕方がない。最後の啓示を受け取ってから、ムハンマドはおよそ六十二年間の生涯を閉じた。ヒラー山でジブリールがいきなり目の前に現れてからは、二十二年が過ぎていた。

ムハンマドの死後、カリフ（継承者）として、ムハンマドの側近で長老でもあったアブー・バクルが選ばれる。そのアブー・バクルの次は、異教徒から改宗したウマルが選ばれた。次はウマイヤ家出身のウスマーン。彼の時代にクルアーンがまとめられて聖典となった。しかしウスマーンは暗殺され、次のカリフにはムハンマドの娘婿のアリーが選ばれた。

このアリーも結局は暗殺される。イスラム教の初期の歴史は相当に血なまぐさい。アブー・バクルからウスマーンまでのカリフを支持する勢力が、今に至るスンニ派であり、アリーを支持するのがシーア派だ。

七世紀から八世紀にかけて、アリー以降に長くカリフの座を継承してきたウマイヤ家のもと（ウマイヤ朝）で、イスラムは大きくその版図を広げていた。貿易に熱心だったムスリムの商人たちは、アフリカやインド、東南アジア、中央アジア、中国などと盛んに行き来したので、イスラムの布教範囲はさらに広がった。

こうして十一世紀、イスラム教スンニ派を信奉するトルコ人によって、セルジューク朝が建設される。その勢力圏は広大で、西アジア、北アフリカ、バルカンなどを支配して、一時はキリスト教の聖地であるエルサレムまで征服した大帝国だ。

このときにキリスト教徒が迫害されているとの報せを聞いた当時のローマ教皇であるウルバヌス二世が、エルサレム奪還を呼びかけて、十字軍が結成された。ところが他の宗教（特に同じ聖典を持つユダヤ教やキリスト教）に対して寛容だったイスラム教は、キリスト教徒に対しての弾圧や迫害など、ほとんどしていなかったといわれている。でも突然侵攻してきた十字軍によって、エルサレムにいたイスラム教徒とユダヤ教徒の多くが虐殺されたことは、キリスト教の章でも少しだけ触れた。

こうしてイスラム教とキリスト教、そしてユダヤ教の三つ巴の争いの歴史が幕を開けた。

特に近年、アルカイダやＩＳなどイスラム過激派の登場によって、ジハードという言葉はとても身近になった。メディアなどでは聖戦などと訳されることが多いジハードの本来の意味は、アラビア語で「努力」を示す。つまり信仰のための努力。決して戦いの意味ではない。

ところがシャリーアが、ジハードを「イスラム世界を防衛して拡大するための戦い」と規定したために、今もシャリーアを厳格に守る国においては、異教徒との戦いを正当化する言葉として、ジハードが使われるようになってしまった。

書きながらつくづく思う。ブッダが言ったこと。イエスが言ったこと。ムハンマドが言ったこと。これらをきちんと言葉どおりに解釈していれば、世界の歴史は今とはずいぶん変わっていたはずだ。でも彼らが死んだあと、彼らの言葉を自分の都合のいいように解釈したり曲解したり考え過ぎたりして、とても多くの人たちが憎み合い、そして殺し合った。

絶対的に唯一の神アッラーフ

イスラム教においては、全知全能の唯一神であるアッラーフへの絶対的帰依（自己の心身を捧げながら、絶対的に信頼して従うこと）が、最も重要とされている。でも何度も書くように、アッラーフはアラビア語で「神」という意味だ。英語にすればGOD。つまり固有の名前ではない。

ムハンマドがアッラーフに言葉を伝えられた時代のアラビア半島では、多神教への信仰が一般的だった。このあたりは仏教が伝来する前の日本に、あるいはキリスト教が浸透する前のローマ帝国に似ている。当時のアラビア半島でアッラーフは、その多くの神々の中の一人（あるいは総称）で、最も高い地位にいる神の呼称に過ぎなかった。

イスラム教におけるアッラーフは、ユダヤ教やキリスト教におけるヤハウェと同じ神だ。呼び方が違うだけ。だから唯一絶対神だ。他に神はいない。アッラーフは誰かから生まれたわけではないし、誰かを産むわけでもない。もちろん親も子供もいない。絶対的に唯一の存在だ。姿かたちはない。だから目がない。でもすべてを見ることができる。耳も口もないが、すべてを聞き、語ることもできるとされている。

だからイスラム教とユダヤ教は偶像崇拝を固く禁じる。なぜなら彼らの唯一の神であるアッラーフやヤハウェは、姿かたちを持たない意思のみの存在であるからだ。偶像を作りようがない。もしも作ったのなら、それは偽ものであることを意味する。

ムハンマドが生まれたときは、ブッダの時代からはおよそ一〇〇〇年、そしてイエスの時代からは六〇〇年が過ぎている。ムハンマド自身が二人の先輩と最も大きく違うところは、徹底して神格化されていないことだ。ただの人間なのだ。クルアーンには彼がジブリールの力を借りて空を飛んだとの記述はあるが、彼自身が超能力や奇跡を起こしたとの記述は一切ない。ブッダのような求道者ではないし、イエスのようにメシアとして期待されていたわけでもない。

もちろんブッダもイエスも、自らを神であるなどとは一度も言っていない。ただし二人とも、あとからいろいろと神話や伝説がくっついた。ムハンマドにはそれがない。ただアッラーフから伝えられた言葉を復唱しただけだ。だからイスラム教におけるムハンマドの立場は預言者。言葉を預かった者。ちなみにクルアーンでは、イエスもモーセもノアも、みんなアッラーフから指名された預言者であり、ムハンマドは最大にして最後の預言者とされている。

キリスト教においては、イエスは預言者を超えた救世主であり、神の子だ。でもイスラム教はそれを認めない。彼らにとってキリスト教の教義は、存在するはずのないアッラーフの息子を称えよと主張しているに等しい。それを認められるわけがない。

こうして摩擦が大きくなる。なまじ近いだけに、骨肉の争いが起きやすい。だから、もしもイスラム教とキリスト教とユダヤ教が、まったく異なる神を信仰する宗教だったなら、今のような争いには結びついていなかったかもしれない。

信徒の日常生活

ムスリムやムスリマたちは、シャリーアによってその行動や規範、生活様式までを、今も厳しく決められている。信仰と日常生活がほぼ完全に重なっている。礼拝は毎日五回行い、その礼拝のたびに信仰告白の言葉「アッラーフの他に神はなし。ムハンマドはアッラーフの使徒である」を唱えねばならない。

徹底した弱者救済と平等の思想も、イスラム教の特徴だ。財産がある人はない人に自分の財産を施与（暮らす人たちがすべて、施し与えること）しなければならない。毎年のラマダーン（断食）の月（ヒジュラ暦によるので年によって違う）には、昼間の飲食が禁止される。さらにムスリムは一生に一度はメッカへ巡礼しなければならない。

とても多くの戒律がある。ただし実のところ、これはかなり建前だ。イスラム国家に暮らす人たちがすべて、一日五回の礼拝を欠かさず行っているわけではないし、シャリーアの教えを厳格に守っているわけでもない。

かつてシリアやレバノンに行ったとき、現地で知り合った多くのイスラム教徒たちと、僕は毎晩のようにお酒を飲んだ。飲酒はクルアーンで厳しく禁じられている。でも飲む人はけっこういる。飲まない人もいる。個人差はもちろんある。同じアラブ諸国とはいっても、国によって事情は違う。人はそれほどに単純な生きものではない。でも信仰と生活がそもそも不可分だったイスラム教は、仏教やキリスト教に比べると、教えや戒律を守ろうとする気持ちが、比較的強いことは確かだろう。

クルアーンのそもそもの意味は「朗誦《ろうしょう》されるもの」。つまり詠まれるもの。ムハンマドは与えられた神の啓示を、紙に書き残すことはしなかった。だって字を書けなかったのだ。このあたりはブッダやイエスとよく似ている。でもムハンマドが預言したアッラーフからの啓示は、神の言葉であることを理由に一字一句変えることなく正確に口承で伝えられ、第三代正統カリフのウスマーンがクルアーンとして文書化した。それ以降も一字一句変わっていない。言葉自体が神聖であるとされるからだ。

そもそも朗誦されることを前提にしたクルアーンは、アラビア語でなければ意味がないといわれている。だからアラビア語以外の言語に翻訳することは、原則的には禁止されている。しかしそれでは普及できない。言語が違う国や地域に教えを広められない。だから現実には各国の言葉に翻訳されて印刷されているが、これらは正式なクルアーンではなくて「注釈」と呼ばれている。

もしもあなたの家や学校の近くにモスクがあるのなら、ぜひ一度は訪ねてみてほしい。日本語に訳されたクルアーンを手にとることができるかもしれない。そこに多くのイスラム教徒たちがいたとしても、よほどの理由がないかぎり、あなたを門前払いすることはないはずだ。本来のイスラム教は、他の宗教に対してとても寛容だ。日本の一部のお寺のように拝観料をとることももちろんない。

ただし短パンや短いスカートなど、肌の露出が多い衣服は避けたほうがいいし、女性の場合は髪をスカーフなどで抑えたほうがいいかもしれない。もちろんモスクの中でふざけたり大声を出したりすることは厳禁。これは常識の範囲内だ。気をつけることはそれくらい。

ムスリムとムスリマ、つまりイスラム教の信者は、世界で十億から十一億人近くいるといわれている。キリスト教に次ぐ大宗教だ。ところがイスラム教は、キリスト教や仏教などのように、総本山や位階制度などの組織運営をしていない。教会や寺にあたるのはモスクだけど、神父や牧師、僧侶などにあたる職業は存在していない。すべての信者はアッラーフの前では徹底して平等なのだ。ただし、信仰行為や礼拝を指導するウラマー（イスラム知識人）として導師や指導者などが存在するが、これを仕事にすることは基本的にはない。

キリスト教の司祭や仏教の僧侶にあたる存在はクルアーンだ。イスラム教徒たちは生まれたときからクルアーンを耳にし、読み書きをクルアーンで覚え、死んだときはクルアーンが墓前で読誦《どくじゅ》される。

「慈愛《じあい》あまねく慈悲《じひ》深きアッラーフの御名《みな》において」で始まる第一章「開扉《かいひ》」は、七節からなる。そのあとには「牝牛」「イムラーン家」「婦人」「食卓」「家畜」「高壁」「戦利品」などと章が続く。

これらの章のタイトルが示すように、アッラーフへの賛辞から始まるクルアーンの内容は、天地創造や天国と地獄など、宗教的な記述ももちろんあるが、日常生活の規定や戦いの際の心構えなど、とても細かく、多岐にわたっている。

約束の地・カナン

イスラム教の三大聖地は、メッカとメディナ、そしてエルサレムだ。そしてもうひとつ、ヨルダン川西岸のパレスチナにあるマクベラの洞窟も重要だ。なぜならこの洞窟があるヘブロンは、ユダヤ教とイスラム教、そしてキリスト教の祖といわれるアブラハムがエジプトから移り住んだ土地であり、マクベラの洞窟は、彼の妻であるサラとアブラハム自身が埋葬された場所であるからだ。

ユダヤ教についての記述でも少しだけ触れたこのアブラハム、精肉店のショーケースの中に並んでいそうな名前だけど、キリスト教とイスラム教、そしてユダヤ教を理解するうえでは、とても重要な存在だ。

イスラム教ではイブラーヒムと呼ばれるアブラハムは、ユダヤ教・キリスト教・イスラム教を信じるいわゆる「啓典の民」すべてに共通する始祖といわれている。旧約聖書（「創世記」十一章から二十五章）によれば、ノアの洪水後、ヤハウェによる人類救済のスタートのために、最初に選ばれた預言者だ。

アブラハムの名は、最初はアブラムだった。名前を変えた齢は九十九歳で、変えた理由は、神からの指示といわれている。でもこの本では、アブラハムに統一する。今のイラク南部（最近の研究ではトルコとの説もある）に生まれたアブラハムは、神からの啓示に従って、家族や親戚とともに、カナン（現在のイスラエル中部一帯とヨルダン川西岸地区パレスチナ）の地を目指す旅に出る。このとき七十五歳だ。当時の寿命を考えれば、もういつ死んでもおかしくないはずだけど、ありえないほどに元気だ。

カナンの地にようやく落ち着いたアブラハムに、神はこう言った。

「さあ、目を上げて、あなたがいる所から北と南、東と西を見渡しなさい。私は、あなたが見渡しているこの地全部を、永久にあなたとあなたの子孫とに与えよう」

（「創世記」十三章十四－十七、日本聖書刊行会の新改訳聖書より）

カナンの地を神から永久に与えられたアブラハムは、この地にさっそく家を作り、妻であるサラとのあいだに男の子を授かった。このときの年齢が七十五歳以上であることは確かだから、もしも今なら、ありえないほど元気すぎるご老人として、テレビや新聞が毎日のように取材に来るかもしれない。

カナンで生まれた男の子はイサクと命名された。ところがイサクが生まれる少し前に、アブラハムはハガルという女性とのあいだに、イシュマエルという息子を授かっていた。最終的にハガルとイシュマエルは、アブラハムの家を出ることになる。サラとイサクとのあいだに諍《いさか》いが絶えなかったからだ。

……と、ここまでは、やっぱりテレビのワイドショーなどで取り上げられそうな展開だ。でも問題はこのあと。旧約聖書ではイサクの子孫がヘブライ（ユダヤ）人となり、イシュマエルの子孫がアラブ人になったと伝えられている。

つまりユダヤ人とアラブ人は、アブラハムという共通の祖先を持つことになる。そしてどちらもカナンの地を、約束の地として神から永久に与えられていた。

同じ民族なのに憎しみ合う異教徒

ナチスドイツによる「ユダヤ人のホロコースト」などのフレーズがあるから、ユダヤという民族があると思い込んでいる人は少なくない。でも実際はそうではない。ユダヤ人とはユダヤ教を信仰する人たちのことで、民族を示す言葉とは微妙に違う。民族としてはユダヤもアラブも同じセム系に属していて、ほとんど違いはないといわれている。

アブラハム以降、イシュマエルの子孫であるアラブ人たちは、中東の各地域に散らばってその地に定住しながら、アブラハムを自分たちの祖先とするイスラム教でひとつにまとまった。

一方でイサクの子孫であるユダヤの民たちは、故郷を失ったさすらいの生活を送りながら、やはりアブラハムを自分たちの始祖とするユダヤ教を信じ、約束の地であるカナンへの帰郷が果たせる日を待ち続けた。

同じ祖先であり、故郷も一緒。本来なら親戚付き合いができるはずだ。でもできなかった。カナンの地をめぐる争いは、イスラエル・パレスチナ問題となり、今も戦争状態が続いている。

それだけではない。キリスト教徒にとってユダヤ人は、神の子であるイエスを処刑した人たちということになる。だからヨーロッパに暮らす多くのキリスト教徒たちは、故郷を持たず宗教も違うユダヤ人に対して、強い差別や蔑視の感情を持っていた。実のところはイエスもユダヤ人なのだけど、このあたりの感情は相当に微妙で複雑だ。

だからこそナチスドイツによるホロコーストという蛮行が明らかになったとき、ヨーロッパの人たちは大きな衝撃を受けた。なぜなら自分たちも長いあいだ、ユダヤ人を差別し、迫害していたからだ。そんな後ろめたさも働いて、第二次世界大戦が終わったあと、ユダヤ人にとっての約束の地であるカナンにユダヤの国家を設立することを、アメリカやヨーロッパを中心とする国際社会はあっさりと承認した。

でも問題は、その地にはもうずっと前から、ユダヤ人と同じくアブラハムを祖先とするアラブ系のパレスチナ人が住んでいたということだ。だってここは、彼らにとっても神によって約束された土地なのだ。

困った国連は、国土を分割する決議案を出したが、イスラエルとパレスチナ（およびアラブ世界）は、どちらもこの地は自分たちのものだとして譲歩せず、結局は第一次中東戦争が始まった。

戦いが始まってすぐに、多くのパレスチナ人たちがパレスチナから脱出し始めた。当時はパレスチナ人たちが自主的に立ち去ったとイスラエルは主張したが、その後に、イスラエルの軍隊がパレスチナ人に対して大量虐殺をしていたことが明らかになり、これを恐れてパレスチナ人たちが難民になることを余儀なくされたことが判明した。

つまりホロコーストで被害を受ける側だったユダヤ人が、今度は加害する側に回ったということになる。

容易に転換する被虐と加虐

歴史は面白い。でも時には重い。あまりにも陰惨《いんさん》だ。知ることがいやになることもある。でもこれだけはあなたに知ってほしい。

被虐（虐げられること）と加虐（虐げること）はとても簡単に転換する。故郷を持たないユダヤ人たちは、ヨーロッパで長いあいだ差別され、そして迫害されてきた。これは確かだ。

シェークスピアが書いた「ヴェニスの商人」で、ケチで残忍で強欲な金貸しとして描かれるシャイロックは、当時の一般的なヨーロッパの人（キリスト教徒）たちが、ユダヤ人に対して抱いていたイメージそのままだ。子供の頃に読んだとき、挿絵に描かれたシャイロックの鷲鼻《わしばな》がとても印象的だったが、これもまたユダヤ人の外見のカリカチュア（誇張）のひとつだ。

あるいはミュージカルとして今もロングランを続けている「屋根の上のバイオリン弾き」（原作ショーレム・アレイヘム）は、帝政ロシア時代のウクライナに暮らしていたユダヤ人一家が、ユダヤ人であるということだけで国外追放されるというストーリーだ。ロシア語でポグロム（集団的迫害）。ユダヤ人は世界中で忌み嫌われていた。

ちなみにノーベル文学賞を受賞して話題になったボブ・ディランの祖父母は、この時代にウクライナからアメリカに逃れてきたユダヤ系移民だ。

こうして、長く差別され迫害されてきたユダヤ人の被害者意識は、自らを守りたいとの強い欲求に結びつき、ホロコーストでさらに刺激され、他者を加害する行為へと容易に転換した。

パレスチナ問題の難しいところは、国家間の利害にユダヤ人の強い被害者意識が重なり、そして何よりも、宗教の問題が重なったことだ。

イスラエルが自国の首都であると主張している（国際社会は認めていない）エルサレムは、古代イスラエル・ユダ王国の首都だった時代があり、ヤハウェを祀るエルサレム神殿があり、イエス・キリストがユダヤ人によって処刑された地でもある。エルサレム神殿の遺跡の一部は、今もユダヤ教の最重要な聖地である「嘆《なげ》きの壁」となっている。

そしてこのすぐ横には、ムハンマドがジブリール（ガブリエル）によって運ばれたという「岩のドーム」があり、アブラハムが神からの試練でイサクを神の生贄にしようとした岩もある。イエスが処刑されたゴルゴダの丘もすぐそばにあり、イエスの墓（ということは復活した場所でもある）があって、聖墳墓《せいふんぼ》教会が建てられている。つまり三つの宗教の聖地が混在している。

アブラハムとサラ、そしてイサクは、ヨルダン川西岸パレスチナのヘブロンにある「マクペラの洞窟」に埋葬されていることは前述した。ここもユダヤ教とキリスト教、イスラム教にとっては共通の聖地だ。でも洞窟の内部は、イスラムのモスクとユダヤのシナゴーグに分断されている。分断されてはいるけれど、祀られているのは共通の神だ。唯一の絶対神。イスラム教ではアッラーフ。ユダヤ教とキリスト教ではヤハウェ。だから三つの宗教は、最後の審判（神によって裁きが下される）などの終末観も、ほとんど変わらない。

イスラム教は神がこの世に遣わした預言者として五人の名前をあげる。ノアとアブラハム、モーセとイエス、そしてムハンマドだ。ノアとアブラハム、モーセの名は、旧約聖書にも登場する。つまりユダヤ教やキリスト教にとっても重要な人たちだ。民族もほぼ同じ。神も同じ。共通する聖地も多い。教えもとても近い。

でもこれを信仰する人たちは憎み合い、時には殺し合う。

書きながら思う。なぜこんなことになってしまったのだろう。神は人に何をしたいのだろう。何をさせたいのだろう。できることなら（ヤハウェは無理でも）、仕事を終えて自宅に帰るガブリエルあたりを待ち伏せして訊いてみたい。あなたは何を考えているのですか。そして言いたい。この状況を何とかしろよ。

「原理主義」のルーツはキリスト教

ただしこれをもって、宗教は人に害をなすだけの存在だと、僕はあなたに思ってほしくない。なぜならイスラエル建国前のパレスチナでは、移り住んできたユダヤ教徒とイスラム教徒が、今のような争いや諍いを起こさないで、平和に共存していたのだから。

そんな時代はいくらでもあった。最初から憎み合っていたわけではない。でも特に近年の現象として、イスラム原理主義者やイスラム教過激派などの言葉とともにテロや戦争が語られることがとても多くなり、テレビや新聞などのメディアでは、テロリストの代名詞として「イスラム原理主義者」という言葉が、当たり前のように使われている。だからイスラム教というと、何となく危険な宗教だというイメージを、あなたは持ってしまうかもしれない。

ところが原理主義（ファンダメンタリズム）という言葉のそもそもの意味は、聖書に書かれていることはすべてが真実なのだと主張するキリスト教プロテスタントにおける一派を示している。

ブッダやムハンマドと同じくイエス自身も文字を一切残さなかったから、その死後に書かれた福音書に記述されたイエスの言葉についていろんな解釈が生まれ、教会が世俗化して堕落する大きな要因となった。

これに対してキリスト教原理主義は、聖書に書かれていることはすべて正しいのだと原理主義的にとらえ、宇宙の始まりであるビッグバンや、生きものはすべて突然変異と自然淘汰によって今の姿になったとする進化論はもちろん、地球が丸いことさえ否定する。二〇〇六年にアメリカで公開された『ジーザス・キャンプ～アメリカを動かすキリスト教原理主義～』(Jesus Camp) は、ジョージ・W・ブッシュ政権下のアメリカで、キリスト教福音派 (エヴァンジェリカル) が主催するサマーキャンプを撮ったドキュメンタリーだ。キャンプに参加した子供たちは、聖書に書いてあることはすべて真実でありイラク戦争は正義の戦いだと教えられ、音楽や踊りでトランス状態になりながら妊娠中絶反対を叫び、キリスト教原理主義を推進するブッシュと共和党を強く支持することを刷り込まれる。監督はハイディ・ユーイングとレイチェル・グレイディ。とても刺激的な内容だ。日本では公開されなかったけれど、DVDは販売されているから、もしも機会があれば観てほしい。アメリカのもう一つの病巣がよくわかる。

これに対してイスラム教は、ムハンマドがアッラーフから託された言葉がそのままクルアーンとして一字一句変わらずに残っているから、世俗化はほとんど進まなかった。だから原理主義も生まれようがない。信仰が日常に密着しているイスラム教においては、信者のすべてが (ある意味で) 原理主義であるといえるのだから。

ならばイスラム教は危険なのだろうか。そんなことはない。もう一度書くけれど、本来のイスラム教は他の宗教に対して、とても寛容な側面を持っている。クルアーンでは異教徒に対しての迫害を、基本的には固く禁じている。特にユダヤ教とキリスト教は、イスラム教にとっては、同じ啓典を授けられた民であるとの意識があるから、むしろ親近感を持っていた時代もあった。

イスラム教への根強い偏見

戦争や虐殺が起きるとき、宗教が潤滑油やきっかけになることはある。でもあくまでも、潤滑油かきっかけだ。たとえば日本の場合、アメリカやヨーロッパの連合国と戦争を起こすとき、国家と一体化した国家神道はもちろん、廃仏毀釈など神道に押されて存亡の危機を抱いていた仏教諸派の多くも、ここぞとばかりに国家（政治）に擦り寄り、この戦争を「聖戦」として肯定した。仏教における「共生」（共に生きる）という重要な教義をとりあげて、

アジアの人たちと共生する
←
アジアを解放せねばならない
←

アジアを侵略する悪い欧米列強を懲《こ》らしめねばならない
などと論理を飛躍させ（しかも、アジアなのに日本に反抗する中国も懲らしめねばならないとの思想も共存していた）、戦争への協力を信徒や信者たちに呼びかけた。戦争によって犠牲となる命に対しては、「より良い世界に転生できる」として肯定した。

……気づく人もいると思うが、「より良い世界に転生できる」は、要するにオウム真理教において殺人を正当化した教義と言われるポア（そもそもチベット仏教の用語で、「（人の意識を）移す」「死後、人の意識を仏界に移す」ことを意味している）そのものだ。つまり多くの人が、オウムがカルトである理由として挙げていたポアは、実のところ戦争時に、既成仏教においても使われていた概念だ。麻原彰晃がこの教えを拡大解釈したことは確かだが、決してオウム真理教にオリジナルがある思想ではない。

ところがオウムを監視していた公安調査庁など捜査機関や多くのメディアは、殺人教義であるポアはオウムにおいて最も危険な教義であると断定した。オウムを異端の宗教として強調するために。

どんな事件や現象にも、特異性と普遍性がある。ところがその事件や現象が注目されればされるほど、普遍性は抜け落ちて特異性ばかりがメディアによって強調されるようになる。なぜなら特異性を提示したほうが、視聴率や部数は上がるからだ。こうして正義はより正しい正義に、そして悪はより悪い悪に造形される。つまり善悪二分化だ。事件の背景にある宗教的な要素はほぼないものにされてしまい、邪悪で狂暴な殺人集団として多くの人が記憶するオウムの事件は、その典型だと僕は思う。

伝統的な多神教が信仰されていたアラブ社会で生まれたイスラム教は、先行するユダヤ教やキリスト教も含めて、多くの宗教との闘争（武力とはかぎらない）を続けながら、これを屈服させることによって、急速な拡大を実現した宗教だ。彼らの宗教的理念は、「最後の預言者であるムハンマドを通じて下されたクルアーンはアッラーフの言葉そのものであり、最も正しい啓典である」ということだ。その意味では、最初から独善的な宗教であるとの視点も否定できない。だから危険性はもちろんある。

特にアメリカの同時多発テロ以降、ジハードを自爆テロの大義とする傾向が、世界各地の急進的なイスラム教徒のあいだで強まっていることは確かだ。でもこれらのテロの背景には、宗教的な要素だけではなく、アメリカの対中東政策への不満や、イスラエルのパレスチナ占領などに対する政治的な抵抗運動としての側面が、実のところはとても強く働いている。

これらの要素をひとつにしてしまうと、本質がわからなくなる。イスラム教は怖いという短絡的な感覚に結びついてしまう。

現在の世界において、イスラム教はキリスト教に次いで、世界で二番目に多くの信者を持つ宗教だ。ムスリムやムスリマが居住する地域も、中東だけでなく、北アフリカや西アジア、中央アジアに東南アジアなど、世界中の多くの地域に広がっている。さらに近年は、これらの地域から移住する人たちを通じて、欧米社会においてもイスラム教は信者数を急速に増やしている。民族や宗教が多様に混在するアメリカでも、近い将来において、イスラム教はキリスト教に次ぐ信者数の宗教になると予測されている。

日本に居住するイスラム教徒の数はおよそ一〇万人（日本人信者はその一割）。決して多くはない。でもあなたには知ってほしい。三大宗教の中では日本人にとって最も縁遠い宗教だけど、イスラム教を正しく理解することは、これからの世界を理解し、考えるうえで、絶対に重要な要素であるということを。

第五章　危険と隣り合わせの宗教

終わらない宗教間の戦争

二十世紀には二つの大きな世界大戦があった。大勢の人が殺された。だからもう戦争はやめようと当時の人たちは決意した。国際連合など国や民族を超えた機構や組織を作り、国や民族同士で何らかの衝突が起きても、できるだけ話し合いで解決しようと考えた。

第二次世界大戦が終わったあとは、旧ソ連と中国を中心とする社会主義陣営と、アメリカやヨーロッパを中心とする自由主義陣営との冷戦状態がしばらく続いたけれど、この対立を象徴するベルリンの壁が崩壊して、二十世紀末に冷戦は終わりを告げた。でも今も、世界各地で戦争や紛争は続いている。特に二十一世紀になってから増えてきたのが、異なる宗教のあいだの争いだ。

二十一世紀の始まりと同時に世界に衝撃を与えたアメリカ同時多発テロは、アメリカを中心とする西側世界によって伝統的なイスラム社会が危機に瀕していると考えたイスラム急進派組織のアルカイダによって行われた。この報復として、アルカイダと連携しているタリバーンによって実効支配されていたアフガニスタンを攻撃するとき、ブッシュ大統領は「新たな十字軍の戦いだ」と発言した。もちろんこの発言はすぐに批判された。当たり前だ。歴史に対してあまりにも無知で粗野で傲慢《ごうまん》すぎる。

民族や宗教のモザイク国家と呼ばれたユーゴスラビアの内戦も、カトリックを信仰するスロベニアやクロアチア、イスラム教とキリスト教の一派であるマケドニア正教を信仰するマケドニア、イスラム教とキリスト教の一派であるセルビア正教とカトリックの信者が共存するボスニア・ヘルツェゴビナなど、民族と地域と宗教が複雑に入り組んでいることが、事態をより混迷させ、多くの人が犠牲になった。

カシミール地方の領有をめぐってもう半世紀近くインドとパキスタンのあいだで続いているカシミール紛争も、ヒンドゥー教（インド）とイスラム教（パキスタン）の対立が大きな要因だ。

タリバーン政権を壊滅させたブッシュ政権は、次に「大量破壊兵器を隠し持っている」と事実を捏造しながら、イラクへの軍事侵攻を主張した。このときは国連で、中国とロシア、フランスとドイツが、アメリカに強く反対したけれど、イギリスや日本は「テロとの戦いは正当である」としてイラク侵攻を支持し、アメリカはフセイン政権を瓦解《がかい》させた。しかしその帰結として、アルカイダよりさらに攻撃的なイスラム過激派であるＩＳが誕生し、シリアは内戦状態に陥って、多くの市民が犠牲になっている。

今もまだ完全解決はしていない北アイルランド問題は、カトリックとプロテスタントというキリスト教徒同士の戦いだ。スリランカではつい最近まで、多数派を占める仏教徒と少数派のヒンドゥー教徒（タミル人）の争いが続いていた。

書きながら吐息をついてしまう。このままでは、人類は宗教によって滅んでしまうかもしれないと本気で思う。

〝聖戦〟を起こさないために日本ができること

新しい宗教は、今も世界のあちこちで生まれている。そのうちのどれかは、数世紀後に世界宗教のひとつになっているかもしれない。それは誰にもわからない。

でもこれだけはいえる。宗教の歴史を勉強すれば、宗教（神さまの権威）と世俗の権力（国家とか軍事力とか巨大な資本とか）が結びついたときは、ほぼ例外なく、ろくでもないことになると思って間違いはない。多くの人が苦しみ、多くの人が殺し、多くの人が殺される。

十字架にかけられる直前にイエスは、自分がメシア（救世主）であることを否定はしなかったけれど、「ユダヤの王なのか」との問いに対しては、「それは、あなたが言っていることです」とだけ答えて沈黙した。信仰の力と政治の力を、明確に切り離した。生前に自分を崇拝するなと言い続けたブッダは、釈迦国の王子という立場でありながら、国が亡ばされたときも王位に就こうとはしなかった。

今のイスラム国家の多くは、信仰と政治が渾然となりながらひとつの方向に走り出す危険性と、決して無縁ではない。もちろんユダヤ教を国の根本体制とするイスラエルも同様だし、大統領が就任時に聖書に手を置いて誓いを述べるアメリカも、同じような危険性を抱えている。

三大宗教において今のところ仏教は、そんな危険性からは最も距離がある。かつて日本は、神道を国教にしようとして失敗した。アメリカに戦争を仕掛けたときは、仏教も含めて国内のほぼすべての宗教組織や宗派が、「この戦争は聖戦である」として肯定した。その結果として、多くの人たちの命が犠牲になった。その教訓がある。あれほどに悲惨な状況を選択してしまったことへの反省がある。少なく見積もっても国民の多数は、信仰に対して一定の距離を持っている。

だから、もしかしたらこの国は、今もまだ宗教を理由に殺し合う人たちに対して、違う視点からの意見や見方を提示できる可能性を持つ国なのかもしれない。

でも現状はそうじゃない。同時多発テロのあとのアメリカが神の名を唱えながらアフガニスタンやイラクに報復を始めたとき、日本は真っ先にこれを支持して応援した。ちょっと待ちなさいとは言わなかった。宗教と戦争とのかかわりについて、日本が持っているはずの意見を表明できなかった。

なぜなら宗教について、神さまについて、本気で考える人があまりに少ないからだ。

宗教の始まりは常に異端？

宗教の弊害は戦争や虐殺だけではない。特に近年は、カルト（反社会的宗教集団）の問題が、この国だけでなく、世界的に多くなっている。

一九七八年には南アメリカのガイアナで集団生活を行っていたキリスト教系の新興宗教団体である「人民寺院」の九〇〇人以上の信者たちが、教祖ジム・ジョーンズの指示によって集団自殺した。

一九九三年には、やはりキリスト教系の新興宗教集団「ブランチ・ダビディアン」の信者たちが、テキサス州の施設に武装して立てこもってＦＢＩなどと銃撃戦を行い、その後の集団自殺で約八〇名が死亡した。

一九九四年には、ニューエイジの神秘主義と環境保護を主張する「太陽寺院」の教祖リュック・ジュレが、五三人の信者とともにスイスやカナダなどの地で集団自殺を図り、フランスで一六人、カナダで五人の信者が後追い集団自殺をした。

そして一九九五年、麻原彰晃を教祖とする「オウム真理教」によって東京の地下鉄車内に猛毒のサリンが散布され、乗客や駅員ら一三人が死亡して、五五一〇人が重軽傷を負うという地下鉄サリン事件が起きて、世界中に大きな衝撃を与えた。

その後も国内では、高価な壺などを売りつける霊感商法が何度も問題になる「統一教会」や、死亡した信者を放置してミイラ化させた「ライフスペース」、足裏診断などで多くの信者から金銭を騙し取ったとされる「法の華三法行」などが摘発され、二〇〇〇年にはアフリカのウガンダで、ジョセフ・キブウェテレを教祖とする「神の十戒復古運動」で一〇〇〇人以上（といわれる）の信者が集団自殺した。中国の治安当局は、気功をベースにおいた宗教集団「法輪功」を反国家的なカルトと認定し、大規模な弾圧を今も続けている。

一般的にカルトは、反社会的な宗教集団という意味を持つ。ならば考えてほしい。反社会的とは何か。社会の既成の秩序や倫理や常識に反することだ。多数派とは違う価値観や体系を示すことでもある。

でもカルトを反社会的な宗教集団と定義するのなら、世界三大宗教である仏教もキリスト教もイスラム教も、すべて始まりはカルトだったとの見方ができる。

ブッダが唱えた教えは、当時のインドでは圧倒的に主流だったバラモン教へのアンチテーゼとしての側面を強く持っていた。

イエスが唱えた教えは、戒律や規律ばかりを重んじるユダヤ教からは異端として憎悪され、イエスは彼らの手によって処刑された。

ムハンマドが預言したイスラム教は、当時のアラビア半島では当たり前だった多神教の宗教と折り合えず、武力衝突が何度も起きた。

だからもしも今ならば、ブッダやイエスやムハンマドはテロリスト集団のリーダーとして、国際指名手配されているかもしれない。

オウム事件から二十年が過ぎた二〇一五年三月、僕はイギリスにいた。宗教とテロ、そして暴力による社会の変質をテーマにしたシンポジウムに出席するためだ。マンチェスター大学やオックスフォード大学などでは、僕が過去に作った『A』や『A2』が上映され、その後に世界中の宗教学者などが集まったシンポジウムが行われた。

マンチェスター大学で行われたシンポジウムでは、参加者の一人である大学生が手を挙げて、「オウムのようなカルトと自分たちはどのように共存すべきか」と質問した。でもこのとき、僕の隣に座っていた世界的な宗教学者であるイアン・リーダーが「一言だけ言わせてほしい」と言ってから、「カルトという言葉を安易に使うべきではない。なぜならその言葉を口にした瞬間に、意識は宗教を正しいものと正しくないものに二分してしまう。そんな峻別は無意味であるばかりではなく、彼らをさらに孤立させてしまう」と言った。

隣に座りながら、なるほどと僕は感心した。この時期のイギリスは、ISによるテロの恐怖に加え、ISに加わろうとする若者が増えていることも社会問題になっていた。多くの人質（日本人も二人いる）を殺害してジハーディ・ジョンと呼ばれたモハメド・エムワジも、ウェストミンスター大学を卒業したイギリス人だ。でもシンポジウムに参加した宗教学者たちは、カルトという言葉を、最初から最後まで一度も使わなかった。残虐性や狂暴性などISが誇示する特異性だけではなく、宗教的な普遍性をも考察しようとの姿勢を決して崩さない。

特異性は確かにある。でも普遍性もある。双方への視点を持つことが重要なのだ。

ブッダやイエスやムハンマドが人々に教えを説いていたころ、この宗教がやがて世界宗教になるとは誰も（熱狂的な信者以外は）考えてはいなかった。思いつきもしなかった。たまたまブッダの思想は仏教として、イエスの教えはキリスト教として、そしてムハンマドの預言はイスラム教として残ったけれど、そこにはいくつかの必然と偶然が積み重なっている。

少し余談になるけれど、イエスやムハンマドの言行は、精神状態が不安定になった人の振る舞いとてもよく似ているとの見方もある。確かにそれは否定できない。神の声が聞こえると言った段階で、普通ならそう判断されてしまう。

いろんな偶然や必然の積み重なりがなければ、彼らはただの「危ない人」として歴史から消えていたかもしれない。でも仮にそうだとしても、それは彼らの教えを否定することと一致はしない。だから神さまなどいるはずがないと断言はできない。

宗教に惑わされないために

今もメディアでは多くの人が、カルト宗教の危険性を強調する。それは間違いではない。カルトは危険だ。でもそもそも宗教は、現世の法や科学的知見とは乖離《かいり》した存在であり、カルト的な要素があるということも、同時にしっかりと知っておくべきだ。

極論すれば宗教とカルトの違いは、長い歴史を持つか持たないかだけといってもいい。世界宗教といわれる仏教とキリスト教とイスラム教は、長い歴史を持ち、いくつもの世代を重ね、社会への適応を進めてきた。迫害されたり弾圧されたり、時には戦争の名目として使われたり戦争を推進したりしながら、その反省と検証を重ね、少しずつこの世界に認知され、定着してきた。

宗教は病や死への恐れや不安を克服したいとの願いから始まった。イエスもブッダも、多くの病人や怪我で苦しむ人を救ったとの言い伝えがある。でもそれは宗教の本質ではない。神さまが本気でやることじゃない。空を飛んだとか水の上を渡ったとかの奇跡も同様だ。神さまにとっては重要なことではない。

だから「病気や怪我を治します」とか「こんな奇跡を起こします」などの謳《うた》い文句を強調する宗教は、基本的には信用しないほうがいい。「前世があなたに災いをもたらしている」とか「この世の終末が近づいている」とか「悪霊があなたを苦しめている」などと強調する宗教も、やはり信用しないほうがいい。自分を崇拝せよとか神格化せよなどと言う教祖がいる宗教は論外だ。「この秘薬を買って飲めば病気が治る」とか「この仏壇を買えば先祖から守られて幸運が続く」などの商売を強調したり、たくさんお金を納めよと強要したりする宗教は、絶対に信用しないほうがいい。

ブッダもイエスもムハンマドも、自分自身の生活については、とても質素で無欲だった。大きな家も豪華な家具も宝石や貴金属も、何も欲しがらなかった。そして三人とも、基本的には自分が神であるとは言わなかった。

でももちろん、この三人の聖者がいなくなってから教えを維持して広げるためには、教団を設立して運営しなければならない。だから経済基盤は必要だ。お布施を要求することをすべて否定することはできない。お布施や寄付だけでなく、たとえばヨーロッパでは、伝統的にワインなどを製造して売っている修道院がいくつもある。日本ならば、トラピスト修道院のバター飴やトラピストクッキーが有名だ。お寺や教会が幼稚園や保育園を経営することだって普通のこと。なぜなら神父や牧師や修道女やお坊さんたちだって生活しなくてはならない。養わなければいけない家族もいる。だから経済活動は当たり前。それだけで人に害をなす宗教とは断定できない。

そこであなたは思う。じゃあいったい、どうやったら真実の宗教と偽りの宗教とを区別できるのだろうかと。

結論から書けば、そんな便利な方法など存在しない。なぜなら宗教はみな、ある意味で反社会的であり、ある意味で危険な領域があるからだ。真実か偽りかの線を引くことも無理。線などでは分けられない。

世界の三大宗教のすべてが、最初はある意味で今のカルトと同じような位置づけだったことをあなたは知った。でもだからといって、今の新しい宗教すべてに遠慮する必要はまったくない。もしも反社会的で法律に違反するような行いをその宗教がするのなら（あるいは信者に強要するのなら）、今のこの社会の法や規則や道徳で、しっかりと対処すべきだ。必要と判断されたなら捜査権を行使すべきだ。ためらう理由はまったくない。だってここは僕たちの社会なのだから。

人が集団になったときの怖さ

ただし難しいことは、社会から拒絶されたり罰されたりすることで、逆にその宗教の内部にいる人たちの信仰心が、極度に高まる場合があることだ。特に教祖が「自分たちは迫害されている」などと言ったり予言したりしたときは、社会からの拒絶や処罰を不当な弾圧や迫害と解釈して、自分たちの試練として受け取ってしまうことが多くなる。

その意味ではこの構造は、強い被害者意識が強い攻撃性へと変わってしまったイスラエルの現状と、とてもよく似ている。人民寺院やブランチ・ダビディアン、オウム真理教の事件などは、そんな要素がとても強く働いたことで、あれほどに悲惨な事態になってしまった。

それともうひとつの問題。社会の側の拒否反応も、宗教への理解不足が働いたとき、とてもヒステリックになってしまう場合がある。

二〇〇三年、パナウェーブ研究所という宗教団体のニュースが、毎日のようにテレビや新聞で報道されたことがある。キリスト教の大天使ミカエルを主神として、敵からのスカラー電磁波攻撃を防ぐためと言いながら全身を白い装束で覆う格好をした彼らは、確かにかなり風変わりで奇天烈《きてれつ》な宗教集団ではあるけれど、この社会に危害を加えるようなことは何もしていない。でもこのときはテレビのワイドショーなどを中心に、多くのコメンテーターや評論家たちが「彼らは危険だから一刻も早く法的対応策をとるべき」などと主張して、世間もこれに強く同調した。

パナウェーブ研究所は今もある。でも誰ももう、一刻も早く法的対応策をとるべきなどとは言わない。その存在すらすっかり忘れている（ほぼ自然に消滅したとの説もある）。

少し大げさにいえば、あのときのこの国は、早くイエスを処刑しろと大騒ぎしたユダヤ人たちにとても近かったと僕は思う。あるいは魔女狩りや異端審問のときの民衆の熱狂。太平洋戦争を始めるときのこの国も、悪い欧米列強をやっつけろとの意識を一般の国民が持っていたからこそ、国内の宗教組織や宗派のほとんどは、その信者たちに戦争協力を強く呼びかけたとの見方もできる。

人々は簡単に扇動《せんどう》される。熱狂する。拳を振り上げる。でもその結果として、泣いたり後悔したりするのは自分たちなのだ。

大きな間違いを犯したのは昔のこと。今はもっと賢くなっているはずだ。もしあなたがそう思っているのなら、残念ながらそれは甘い。人はそれほどに賢くない。一人ひとりなら深く考えることができたとしても、学校や会社、地域や国家などの組織や集団になってしまうと、深く考えることができなくなり、周りの動きに合わせてしまう傾向が強くなる。

なぜなら人は群れる動物だから。そして群れる動物は、一人ひとりが群れ（全体）と同じように動こうとするから。

群れる動物の代表であるカモやイワシは、鋭敏な感覚と本能で周囲の動きを察知するけれど、人間にはそれほどの感覚はない。代わりに言葉がある。言葉によって構築された社会性があり、役割があり、権威がある。

だからこそ言葉は重要だ。そしてもしも神さまがいるのなら、その神さまが言葉を持つのなら、その言葉を預かる人の影響力が大きいことは当たり前だ。

こうしてイスラム教を信じる人にとってムハンマドの存在は、キリスト教を信じる人にとってイエスの存在は、何ものにも代えがたい大切なものになる。

多くの人は、「人はなぜ、これほどに種として進化したのに、いまだに戦争や虐殺と縁が切れないのか」と嘆く。闘争本能があるからだと説明する人は多い。確かに一因ではあるかもしれない。でもそれだけではない。だってそれを言うのなら、あらゆる動物に闘争本能はある。

「これほど種として進化したのに」ではなく、「これほど種として進化したからこそ」、人は虐殺や戦争と縁を切れなくなったと僕は考える。つまり社会性だ。これを言い換えれば絆。人の繋がり。人が社会性を進化させればさせるほど、人は大量に人を殺すことができるようになる。

「人は人を簡単には殺せないが、業縁さえ与えられれば、何千人でも殺すことができる」と説いたのは、浄土真宗の宗祖である親鸞《しんらん》だ。業縁とは何か。それは役割であり、権威からの圧力であり、保身であり、正義や大義でもあり、そして被害者意識に染まった信仰でもある。人が群れる生きものであるかぎり、信仰にすがる生きものであるかぎり、人はこうした業縁と縁を切ることはできない。

さらに今は、人々の意識をより大規模にまとめたり扇動したりできるメディアが、これほどに発達してしまった。二十世紀初めに世界が大きな戦争を二度起こしたとき、テレビはまだ誕生していなかった。特に二度目の戦争（第二次世界大戦）で、日本の一般国民が悪い欧米列強をやっつけろとの意識を強く持った理由のひとつは、このときにマスメディアの筆頭であった新聞が、欧米列強と戦うことは正義であるとして、激しく世相を煽ったからだ。

それから半世紀以上が過ぎて今は、新聞よりもはるかに影響力の強いテレビが、日常生活にすっかり定着した。さらにネットもある。これらのメディアは人を集団化してしまう働きがある。とても大規模に。だから人は間違いを犯しやすくなる。そんなときに宗教は、人を集団化させるうえで、とても有効な要素となる。

メディアと宗教。どちらも人が種として進化したからこそ、人にとってはなくてはならないものとなった。でもこの二つは、時としてとても危険な要素となる。それは常に意識に置いてほしい。

そのうえで神さまについて考えてほしい。

やがて死ぬことへの不安

人以外の生きものは宗教を持たない。もちろん犬やカエルや象やカマキリやアナグマやカンガルーやミツバチが何を考えているかを本当にはわかることはできないけれど、信仰心を持つ（神さまの存在について考える）生きものは、人だけだと思っていいはずだ。

ならば考えよう。地球上のすべての生きものの中で、どうして人だけが信仰を持つのだろう。どうして人だけが神さまの存在を求めるのだろう。

この本の最初に、僕はその「理由のひとつ」を、人は自分がやがて死ぬことを知ってしまったからだと書いた。

もちろん犬やカエルや象やカマキリなどが、死ということを知っている可能性はある。シマウマやトムソンガゼルはライオンが襲ってくれば必死に走って逃げるし、ハエやチョウはクモの巣にひっかかったら必死にもがく。つまり間近に迫った死からは、多くの生きものが本能的に逃げようとする。その意味では、彼らも死を知っている。でも少なくとも彼らが、やがて死ぬことへの不安や恐怖に脅えて、眠れなくなるようなことはないはずだ。

でも人は知ってしまった。いつかは自分が死ぬことを。いつかは自分が消えてなくなることを。

オウム真理教の信者のドキュメンタリー映画を撮っていたとき、出家（家庭生活を捨てて仏門に入り修行に励むこと）した理由を訊ねた僕に、ひとりの男性信者がこんなふうに答えてくれた。

「どんなに愛し合った夫婦でも最後は死に別れます。親や子供も同じ。愛情が深ければ深いほど、いずれ死に別れるときの苦しみは大きい。愛という執着は、最終的には苦しみに行き着くだけなんです。ならばその愛を今のうちに断ち切るほうが、やがて訪れるはずの苦痛も少ないのです」

あなたはこれに反論できるだろうか。カメラを手にしながら僕は、完全に同意するつもりはないけれど、理論的に反論は難しいと考えた。そして執着が苦を生むとするこの思想は、仏教における根本的な考え方でもある。


人は必ず死ぬ。死ぬことですべてを失う。あなたが愛する人も。あなたを愛している人も。大切にずっと築き上げてきたものもいつかは消える。すべてを失う。だから苦しむのだとブッダは言った。人やものへの執着を捨てなさいと説いた。でも簡単にはできない。執着が苦の原因だとわかってはいても、人は執着を簡単には捨てられない生きものだ。だから人は死をおそれる。だって自分がこの世界からなくなるのだ。家族や愛する人ともう会えなくなる。そばには誰もいない。絶対的にひとりだ。いやその「ひとりだ」と感じる自分さえそこにはいない。愛する人やものを失う自分を失うのだ。消えてしまう。完全に無だ。

そんなことを考えていたらとても不安になる。絶望的な気分になる。生きる意味がわからなくなる。

死後の世界を保証する役割

世界中にはいろんな神さまがいて、いろんな宗教があることをあなたは知った。世界三大宗教である仏教とキリスト教とイスラム教。あるいはユダヤ教にヒンドゥー教。神道にゾロアスター教にマニ教。多神教にアニミズムやトーテミズム。最近の新興宗教。そして仏教にもキリスト教にもイスラム教にも、それぞれ様々な宗派がある。

これらすべてに共通することは、死後の世界や魂の復活について、必ず説明してくれることだ。

古代ギリシャや古代イスラエルでは、死後の魂は、この世界の影のような存在である来世に旅立つと考えた。アニミズムやトーテミズムもこれに近い。魂が輪廻すると考えたのはヒンドゥー教や仏教の一部。天国と地獄に振り分けられるという考え方もある。仏教の場合は極楽や浄土などの言葉を使うときもある。ゾロアスター教やユダヤ教、キリスト教などには、霊魂の復活やよみがえりの思想がある。

自分の魂がどこに行くのだろうという思いは、自分も含めてのこの世界はどうなるのだろうという思いにつながる。これが発展したのが終末思想だ。

イスラム教では世界の終末の日を、「それは目が眩んでしまう時。月が光を失い、太陽と月が合わさる時」として、「天変地異とともによみがえったすべての魂は、生前の行いをアッラーフによって裁かれて、天国と地獄に振り分けられる」と考える。

ゾロアスター教では、開祖であるゾロアスター（ザラスシュトラ）没後三〇〇〇年が過ぎてから現れる救世主によって最後の審判がなされ、悪が最終的に滅ぼされると説く。ユダヤ教やキリスト教も、世界の終末と最後の審判という考え方については、ほぼ共通している。

天国と地獄。極楽や天界。輪廻転生や復活。名称や意味はそれぞれ少しずつ違うけれど、死んだら消えてしまうということを全肯定する宗教は、（ブッダが唱えた初期の仏教は例外として）まず存在していない。なぜなら人は宗教に、死後の世界を与えてくれることを望むからだ。


……と、ここまで書くと、宗教や神さまは、自分が死ぬことを知ってしまった人間が、その不安や恐怖を和らげるために心の中でつくり上げたフィクションである、という結論になってしまうとあなたは思うかもしれない。

もちろんそう考えることもできる。だってほとんどの人は、神さまの姿を見たことがないのだ。声を聞いたこともない。実は神などいない。人の願望がつくり出した幻想だ。あなたがそう思ったとしても不思議はない。実際に最新の研究では、超自然的な存在を実在していると感知する領域が、脳の一部に見つかったとの説もある。

でももう少し考えてほしい。僕も考えた。死への恐怖をなくすか軽くするだけなら、神さまの存在にはあまり意味はない。死んだあとも魂は残るとだけ思いたいのなら、天国や地獄があるとだけ信じればいい。あるいは守護霊や背後霊、輪廻転生など、死後の魂のあり方や仕組みだけを考えればいいはずだ。そこに神さまがどうしてもいなければならない理由はない。

だからアニミズムやトーテミズムなどの原始的な宗教には、多くの精霊や魂はいても、神さまといえるようなものは存在していない。でもアニミズムやトーテミズムの多くは、神さまがいる宗教へと変わってしまうことが多い。

つまり人は、死が怖いからという理由だけで、神さまを求めるわけではない。きっと他にも理由があるはずだ。

ならばやはりもう少し考えねば。人はなぜ神さまを求めるのだろう。なぜ神さまを必要とするのだろう。そして神さまは、僕たちに何をしてくれるのだろう。

終章　神さまは存在するの？

神の存在を感じるとは?

それは今から十年ほど前の話になるけれど、長く海外を放浪していた友人が、やっと日本に帰ってきた。久しぶりに会って驚いた。出発する前は多くの日本人と同じように特定の信仰を持たなかったはずの彼が、とても敬虔なクリスチャン（キリスト教徒）になって帰国したからだ。

「旅の途中、スイスとフランスの国境近くの村を通ったんだ」

友人は言った。

「雪をかぶったアルプスの山なみがすぐそばにあって、小さいけれどとてもきれいな村だった。集落のはずれに古い教会があった。ふと中を見たくなった。それまでもいろんな国で何度も教会のそばを通ったけれど、そんな気分になったことは初めてだ」

教会に近づいた友人は、頑丈そうな木の扉を押した。たぶん鍵がかかっているだろうと思っていたのだけど、軋んだ重い音を立てながら、扉はゆっくりと開いたという。

「広い礼拝堂だった。でも誰もいない。しーんと静まり返っている。祭壇のほうに近づきかけたとき、突然パイプオルガンの音が、礼拝堂の中に響いたんだ」

語りながら友人は、視線を宙に漂わせた。口もとにはかすかな笑み。たぶんその瞬間を、思い出しているのだろう。

「パイプオルガンが鳴り始めるとほぼ同時に、ステンドグラスから夕日が差し込んできて、僕は陽の光に包まれた。パイプオルガンは荘厳に鳴り続ける。バッハのミサ曲だ。そのときにはっきりと感じたんだ。神の存在を」

パイプオルガンが突然鳴り響いた理由は、友人より少しだけ早く来ていた教会のオルガン奏者が、明日のミサのために練習を始めたからだ。友人はオルガン奏者がいることに気づかなかった。誰もいないとばかり思っていた礼拝堂で、突然パイプオルガンの音が大音量で響き、驚く友人の視界に、西の空に沈みかけた夕陽の光が、ステンドグラスの窓から差し込んできた。

言葉にすればそういうことだ。別に奇跡でもなんでもない。でも友人はその瞬間、生まれて初めて味わうほどの激しい感動に身を包まれたという。たったそれだけの偶然が重なっただけなのに、まるで湧き水のように涙が止まらなくなったという。

「……愛されていると感じたんだ」

首をかしげる僕に友人は言った。

「言葉の説明だけじゃ納得できないだろうな。でもその瞬間に確かに感じたんだ。愛されている自分を。そして赦されている自分を。いろいろ悩んだり考え過ぎたり考えが足りなかったり失敗ばかりしている自分を、いつまでもどこまでも肯定してくれる存在を。おまえはそれでよいと抱きしめてくれる存在を」

もしもあなたの家の近くにも教会があるのなら、試しに足を運んでみてほしい。出入りをとがめる人などいないはずだ。何をしに来たのかと聞かれたら、「見学したいと思って」と言えばいい。

教会には必ず十字架がある。もしもカトリックならば、スイスとフランスの国境近くの村にあった教会のように、パイプオルガンやステンドグラスもあるかもしれない。これはほとんどのキリスト教会に共通する（ある意味での）演出だ。

教会だけではない。仏教のお寺やイスラム教のモスクにだって、同じような演出はある。でもそれを差し引いても、友人に不意に訪れた強い感動は説明できない。それは外側から来たわけではない。パイプオルガンの音色やステンドグラスの輝きが、この説明できない感動を、友人に与えたわけではない。友人の中にあった「何か」、意識の底にあった「何ものか」が、外側からの刺激に反応したのだ。

人は弱くて愚かだから神を求める

僕らは日々悩む。間違える。誘惑される。失敗する。

そんな愚かな自分を、愚かであればあるほど、神は肯定してくれる。愛してくれる。正しく生きなさいと足もとを照らしてくれる。

神からの愛を、信じる自分にだけ与えられたものだと勘違いする人もたまにはいる。でもそうではない。神は平等だ。命を愛してくれる。認めてくれる。

人は不完全だ。自分の欲望を抑えられなくなったり、誘惑に負けたり、人を傷つけたり、絶望したくなることはいくらでもある。自分がとてもつまらない人間だと思うことは一日に何度もある。でも神はそんな自分を愛してくれる。否定せずに認めてくれる。絶望の淵から救ってくれる。

だから人は神を求める。愚かで欠陥だらけで不完全であるからだ。弱くてだらしがなくて失敗ばかりで嘘をついて自己本位で、同じ過ちを何度もくり返すからだ。

ひとりぼっちで世界から取り残されたと思うときがあったとしても、神は常に傍にいる。いや傍ではない。自分の中にいる。スイスとフランスの国境の近くの村にある教会で、友人はそう感じたという。

……これは僕の友人の話だ。だからそのときの彼の感覚を想像することはできたとしても、共有することはできない。でも彼が体験したこの感覚は、信仰や神さまについて考えるとき、とても重要な示唆を与えてくれる。

世界を放浪する前の彼は、どちらかといえば投げやりな人生を送っていた。定まった仕事にも就かず、いつも悩んでいた。いつも考え込んでいた。自分が何をすべきなのか、何をしたいのかわからない。だから何をやっても長続きしない。でもスイスとフランスの国境近くの教会で神を感じてから、彼はずいぶん変わった。小さな会社に就職して、結婚して子供も生まれた。教会には毎週のように通っているという。今もたまに連絡が来る。昔を考えたら別人のように快活だ。

もちろん彼のこの変化が、彼にとって本当に良いことかどうかは、僕にはわからない。神を感じて信仰を持ったことで、自分の中の何かから、彼は目をそらしてしまったとの見方もできる。

でも結果として彼は、旅に出る前よりは幸せな生活を送るようになった。それは確かだ。「旅に出る前の僕は、ずっと道に迷っているようなものだった」と、彼は考えこむ僕に言った。

「でも今は違う。やっと自分が進むべき道がわかった。だからもう迷わない。心細くない。こうして今は生きている。この世界に自分が生まれたことに対して、感謝の気持ちを持てるようになったんだ」

自分はひとりではないことに気づく

神さまが実在しているかどうか、やっぱり僕にはわからない。でも確かなことは、彼の中に神さまの居場所があったということだ。そしてきっとそれは、僕の中にもあるし、あなたの中にもあるはずだ。

その居場所がずっと空のままでも、不幸な人生を送るとは限らない。そういう人もたくさんいる。会社勤めを仕事に選ぶ人がいる。八百屋さんになる人もいる。映画作りを仕事にする人もいる。結婚する人もいる。生涯独身の人もいる。子供がひとりの人もいれば、三人の人もいる。神さまを信じることで幸せになる人もいるし、神さまを信じなくても幸せになれる人もいる。そういうものだ。人はさまざまだ。でも確かなことがひとつだけある。完全な人などいない。人はみな不完全だ。何度も失敗する。すぐに絶望する。間違いを犯す。弱くない人などいない。孤独におびえる。すぐに道に迷う。

もしもあなたの中の正しい場所に神さまがいるのなら、きっとそんなときに足もとを照らしてくれる。ただし簡単には正しい道を教えてくれない。それほど親切ではない。それは自分で考えねばならない。

でも足もとは照らしてくれる。だから歩きやすくなる。石につまずいたり、転びかけたりすることが少なくなる。自分がひとりではないと知ることができる。多くの人とつながっていることにも気づくことができる。愚かで不完全で間違いばかりの人生をこれから送ったとしても、最悪の絶望をしないで生きてゆくことができる。与えられたこの人生を、有意義に過ごすことができる（かもしれない）。

それは神さまの役割。そして僕やあなたが、意識のどこかで神さまを求める理由でもある。

神さまを必要としないのなら、それはそれでかまわない。水や酸素がなければ人は生きていけないけれど、神さまがいないとしても、普通に生きてゆくことはできる。

それにあなたは思うかもしれない。人は弱くて愚かで不完全だから神に頼るのだとしたら、結局のところ死への恐怖をやわらげたいと思うことと一緒で、神は人がつくり出した概念でしかないのだと。

うん。そうかもしれない。でもそうじゃないかもしれない。だからもう一回考えよう。果たして神さまはいるのだろうか。それともいないのだろうか。

人智を超えた力

次のページの、この奇妙な生きものの写真を見てほしい。東南アジアやアフリカの熱帯地方を中心に世界中に分布するこの生きものの名前はシュモクバエ。両端に突き出しているのは複眼だ。

なぜこのハエの目は、これほどに両端に離れていなければならないのだろう。

この疑問について、シュモクバエの仲間のほとんどはオスのほうがメスよりも目が離れていることから、研究者たちはこう考えた。おそらくシュモクバエのメスは、両目が離れているオスのほうを、両目がくっついている（つまり普通の形の）オスよりも好むのだ。

だから両目が離れているほうがメスにもてる。もてるからたくさん子孫を残せる。そうすると両目が離れた遺伝子を持つオスが少しずつ増えてくる。離れていれば離れているほどもてるから、何度も世代交代を重ねながら、シュモクバエのオスの両目の間は、少しずつ離れてきた。

もう一枚の写真は南米のジャングルなどに生息するツノゼミだ。この種類にはとても多くの仲間がいるけれど、そのほとんどがこの写真のように、大きくて奇妙な形をした角を、頭部に持っている。

ツノゼミの仲間
（千葉県立中央博物館所蔵）

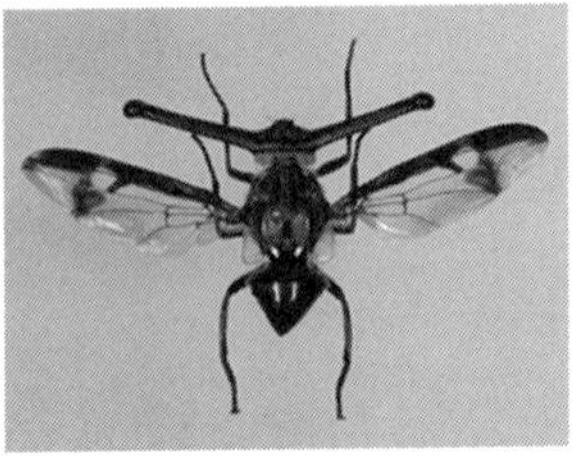

シュモクバエの仲間（オス）
（長畑直和氏所有／埼玉県立川の博物館所蔵）

こんな角が何かの役に立っているとは、とても思えない。だいたいバランスが悪すぎる。どう考えても不便で非合理的だ。でもツノゼミたちは南米のジャングルで、この大きくて奇妙な形をした角を頭につけながら、ふらふらと飛びまわっている。

彼らがこんな不格好な角を頭にくっつけている理由については、シュモクバエの両目が離れてしまったことと同じように、より大きな角を持つようにプログラムされた遺伝子を持つツノゼミが少しずつ増えてきたから、と考えるしかない。説明できるのはここまでだ。少しずつ増えてきたその理由は、やっぱりどうしてもわからない。

進化とは、遺伝子の突然変異によって獲得した形質が、自然淘汰によって選別され、ひとつの方向に進むこと。

これがダーウィンの唱えた進化論。現代の科学では、これを否定する人はほとんどいない。

たとえば賢いオスのほうが賢くないオスよりも、運動ができるオスのほうが運動できないオスよりも、多くのメスからは好まれるし（あくまでも一般論だけど）、生存するうえでも有利なはずだ。餌がなくなったり外敵に襲われることが頻繁な状況になったとしても、賢いほうが賢くないほうよりも、生き残る確率はきっと高い。

こうして賢い個体は少しずつ増える。言い換えれば知能は少しずつ進化する。知能だけではない。生きものの身体はすべて、気の遠くなるような代を重ねながら、生存に有利な方向に進み続ける。ライオンの鋭い爪も、イルカやクジラが水中で長く息を止められるのも、タンポポの種が風に舞うように綿毛を持ったのも、カブトムシが太くて強い角を持ったのも、適者生存（環境に適応したほうが生き残る確率は高い）という自然淘汰のメカニズムで説明できる。

そこには神さまなどいない。万物の創造主など必要ない。そう考えたくなる。

でももう一度、シュモクバエやツノゼミの顔をよく見てほしい。仮に両目が離れていたり大きな角があったりしたほうがメスにもてるのだとしても、この左右に突き出した目や不格好に大きい角の存在は、どう考えても飛翔するときには不向きだ。風の抵抗を受ける。飛翔するときだけではない。地上や樹木のあいだにいるときも、この二つの目や角は、いろんな障害物にぶつかるはずだ。クモの巣にだって引っかかりやすい。鳥や他の虫から襲われそうになったときも、すばやく逃げることができなくなる。

つまりどう考えても、目や角がこんな大きさや形になってしまうことは、生存するうえでは不利なのだ。それにメスがこの不合理な形を好むとしても、その理由がわからない。生存に有利な属性を持つオスをメスは好む。自分の遺伝子が生き残る可能性が高くなるからだ。でも両目の間が離れていたり、身体より大きな角を持つことについては、メリットなど何もない。性淘汰における過剰進化と呼ばれるこの現象の、原因と理由はまだよくわかっていない。でもそんな矛盾は、自然界にはいくらでも存在する。

たとえば地球上のほとんどの動物がビタミンCを体内で合成できるのに、人と数種類のサルやネズミの仲間だけが、ビタミンCを作ることができない。ダーウィンの進化論は、これを「かつてはビタミンCを合成する遺伝子を持っていたが、進化の過程で失ってしまった」と説明する。でもこれはおかしい。進化は生存に有利な方向に働くはずだ。ならばビタミンCを合成できない人のほうが、合成できる人よりも生存に有利であるはずはない。わざわざ遺伝子を捨てる理由がわからない。

最近では適者生存だけではなく、もっと偶然性を強調する中立進化説や、進化には一定の方向があるとする定向進化説、ウイルスが媒介となって遺伝子を運んでいるとするウイルス進化説など、遺伝学やゲノム（遺伝子）解析などの要素も加えたネオ・ダーウィニズムが主流になりつつあるけれど、でもこれをもってしても、これらの矛盾の理由を、明確に説明することは難しい。

つまり進化論だけでは説明できない「何かの力」が、人智を超えた意志のようなものが、存在しているかのように思えてしまう。

宇宙に対する畏怖

宇宙の誕生は今から一三七億年前。ジョージ・ガモフによって提唱されたビッグバン理論を疑う人は、今はもうほとんどいない。でもならば、ビッグバン以前の宇宙はどんな状態だったのか。これについての明確な解答を、人類はまだ得ていない。

従来のビッグバン理論によれば、この宇宙は無限のエネルギーと密度を持つひとつの点から生まれたとされている。この特異点においては、今のこの世界の物理法則のほとんどが成り立たない。ビッグバン以降、宇宙は光速をはるかに上回るスピードの急膨張「インフレーション」を起こし、現在の宇宙の形につながっている。

そこまではわかる。でもビッグバンが起きる前の宇宙はどんな形をしていたのかとか、広がり続ける宇宙は、やがてどんな状態を迎えるのかとか、そんな疑問に対しての解答を、僕たちはまだ得ていない。ならばいずれわかるのだろうか。今のところはその保証はない。

そもそもこの宇宙は、なぜ存在しているのだろう。自分はなぜこの世界に生まれたのだろう。そんなことを考えながら、僕は神さまについて思いを馳せる。そういえばアポロやスペース・シャトルに乗って宇宙空間を旅したり地球を眺めたりしたアストロノート（搭乗員）の多くは、なぜか帰還してから、宗教者になる人がとても多い。

自然に対して、大宇宙に対して、絶対的な畏怖を感じたとき、人は神の存在を感じるのかもしれない。

科学では証明しきれない〝何か〟

人造人間であるフランケンシュタインの話を、あなたは知っているだろうか。フランケンシュタイン博士によって作られた彼の肉体は、博士が墓場から集めた死体の手足や臓器を縫い合わせてできている。最後に博士はこの死体の寄せ集めに稲妻を利用して電気ショックを加え、命を与えることに成功した。

もちろんこれはフィクションだ。実際には電気ショックを加えても生命はつくり出せない。当たり前だとあなたは思うかもしれない。でも当たり前だとあっさりと決めつける前に、僕はもう少し考えたい。

心は脳に宿る。そして脳は、身体の他の部分と同じようにたんぱく質でできている。その重さは大人で体重の二パーセントほど。約三〇〇億の神経細胞と、その十倍ほどのグリア細胞でできている脳は、大脳と小脳、そして間脳と脳幹などに分けられる。

さらに大脳は、古皮質と新皮質、基底核などに分けられる。特に脳幹を取り巻くように配置される大脳古皮質は大脳辺縁系と呼ばれていて、海馬や扁桃体などがこれに含まれる。喜びや悲しみなどの感情は、大脳新皮質の働きで生まれるようだ。また恐怖や怒りなど本能的な感情の動きは、大脳辺縁系の働きと関係があるらしい。

快や不快などの感覚の発生には、神経伝達物質であるドーパミンが重要な機能を担っている。五〇種類くらいはあるといわれている神経伝達物質のうち、その働きが判明しているのは、ドーパミンやノルアドレナリン、セロトニンなど、まだ二十種ほどしかない。

いずれにせよ脳内の神経細胞のあいだで受け渡される神経伝達物質や電位差によって、人の感情や意識活動は起きるとされている。今の脳生理学で説明できるのはここまでだ。

つまりあなたの喜怒哀楽。あなたの意識。あなたがあなた自身であること。それらの意識活動は、すべて神経伝達物質や電位が神経細胞のあいだで行き来することで、発生するということになる。あなたはそれで納得できるだろうか？

もちろん脳生理学者たちの多くも、これで納得しているわけではない。だって人の意識活動が神経細胞を伝わる化学物質や電位差だけで説明できるなら、フランケンシュタインを創造することは、理論的に可能となる。感情や人格を持つパソコン（要するに人工知能）だって、今の科学や技術なら作れるはずだ。でも現状ではそれは不可能だ。電位差や化学物質の伝達だけでは、人の意識はつくれない。今のあなたや僕をつくることは不可能だ。

何かが足りない。そしてその何かが何なのか、今の科学ではわからない。これからもっと科学が発達すればわかるのかといえば、その保証はない。

宗教を通して生と死を考える

この世界のすべては論理で説明できるはずなのだから、きっといつかは進化や宇宙の構造や意識の謎について、人類は納得できる解答を得ることができると思うことも、絶対に間違いとは言いきれない。その可能性はもちろんある。

でも僕は思う。時おり感じる。理屈や論理だけでは説明できない何かが、世界には確かに存在する。その何かが何なのかはわからない。でも何かだ。

その何かを神さまと呼ぶ人がいる。

人は弱い。愚かで不完全だ。そして人は、自分が愚かで不完全で弱いことを知らないほどには愚かではない。愚かで不完全で弱いことを知っている。だから人は、賢くて完全で聖なる存在を求めてしまう。でも現実にはそんな人は存在していない。だからその思いが神さまの形になる。

こうして人は神さまを求める。宗教を求める。そう考えれば、神さまが本当に存在するのかどうか、実はそれほど大きな問題ではない。本当に存在していようがいまいが、人が神さまを求める気持ちはなくならない。なぜなら人は今も、そしてこれからも、やっぱりずっと愚かで不完全で弱いからだ。

その思いが時として、暴走したり利用されたりして、多くの人が殺し合うような状況に結びついてしまうことがある。だからといって人は宗教を捨てられない。神さまなんているはずがないと割り切れない。

宗教は人の生と死の価値を、時にはひっくり返す危険性がある。でもそれと同時に、宗教と対峙したとき人は、生と死について、深く考えることができる。

宗教は時には、現世の命を軽視してしまうことがある。でもそれと同時に宗教は、命の尊さを僕たちに実感させてくれる瞬間がある。

宗教は時には、正義や大義、善などの自己陶酔に人を誘うときの潤滑油や燃料になることがある。でもそれと同時に宗教は、神との一対一の対峙を通じて、これらの自己陶酔から人の目を覚まさせてくれる働きを持つことがある。

神さまお願い

神さまが存在していると思うことは、人を絶望の淵から救ってくれることでもある。なぜなら神さまは、愚かで不完全で弱い自分を、際限なく愛してくれるから。失敗や間違いばかりの自分を、際限なく赦してくれるから。

この本の第一章に書いたことを、最後にもう一度書く。宗教は英語ではレリジョン(religion)。意味は「再び結びつける」こと。

今は離れてしまっている何かとあなたとを宗教は結ぶ。その何かは神さまかもしれないし、同じ神さまを信じる人たちかもしれないし、この世界に生きるすべての命かもしれない。

あなたはひとりではない。あらゆるものとつながっている。あらゆる命とつながっている。宗教はそれを気づかせてくれる。

愛されて赦されてつながっているのに、なぜ人は反省もせずに、同じ過ちをくり返すのだろうか。あなたはそう思うかもしれない。

そうではない。人はそれほどに愚かではない。愛されて赦されてつながっているからこそ、いつか人は気づく。そして少しだけ前に進む。ちょっとずつ良くなっている。僕はそう信じたい。

だから僕の結論。神さまはきっといる。そう思うことにする。この宇宙のどこかに。僕やあなたのこの身体の内側に。

いるかどうかと悩んでも仕方がない。たぶん誰にもわからないのだ。でも僕の中に入れものはある。ならばきっと中に入るものはある。それを神と呼ぶ人もいれば、真理と呼ぶ人もいる。無償の愛と表現する人もいるかもしれないし、大いなる意志や自然の摂理と言う人もいるかもしれない。呼び方は何でもいい。

その存在を信じなくてもいい。神などいないと思ったとしても、あなたの生活には何の支障もない。でもこれだけは知ってほしい。あなたはひとりではないこと。つながっていること。愛されていること。赦されていること。

祈ってもいいし祈らなくてもいい。願ってもいいし願わなくてもいい。祈らないあなたを愛さないような存在なら、それは神ではない。でももしいるのなら、願って損はない。だから僕は願う。

神さまお願い。

願いは僕が僕であること。あなたがあなたであること。この世界が少しでも平和になること。そしてそのために努力すること。答えは求めない。答えは自分で考える。でも時おり道に迷う。歩いている方向がわからなくなる。進むべき方向がわからなくなる。そんなとき、少しだけ足もとを照らしてくれること。それで充分。あとは自分で歩く。

ついでに神さまに最後のお願い。

一瞬でいいから、顔を見せて。

解説　目に見える、目にみえないもの

いしいしんじ

神様はいる。僕はそう言い切る。まちがいなくいる。そして、たまにタバコをふかすんだ。

神奈川県、三浦半島の先端に、三崎という町がある。「三崎まぐろ」で有名な港町だ。二〇〇一年からしばらく僕はそこに住んでいた。小さな、けれど、宇宙一の魚屋さんがそこにあったから。

「まるいち」魚店。

店先では、描きたてのキャンバスみたいに色が破裂し輝いている。アジ、サバ、カマスなんかの定番のほか、コチ、サワラ、アンコウにハコフグ、伊勢エビやトコブシ、マンボウやサメなんかも、トロ箱の隅で笑ってる。魚の豊富さ、新鮮さ、このバラエティ。宇宙一っていうのは、ことばのあやじゃなく、あの「さかなクン」もお墨付きをくれた。

魚だけじゃない。店主の松本宣之さん、通称ノブさんは、役者にもなれそうな男前のくせに、下ネタ、オヤジギャグ連発。朝っぱらからビールとタバコを手放さず、昔の映画の名セリフで観光客に語りかけ、たまに、店先を眺めながら「アーア、マアジはとおく、なりにけり、か」なんて、深い教養をにじませたりする。魚を見る目は三崎一、といわれている。奥さんの美智世さんは青い海のように笑いながら、起きているあいだ、一瞬だって動きをとめない。

毎日、このふたりに会いたくて、まるいちに通いたくて、僕は三崎の埠頭のそばに、古い一軒家を借りた。朝は早く起き、エンピツを握ってノートに向かい、食事は、三食、まるいちで買った魚を調理した。僕のからだの九十五パーセントはノブさんが仕入れた魚でできていたんだ。

その後の数年間、僕は、長編の小説を何冊か書き、結婚し、ふたりの住まいを信州の山村に移した。それでも三崎の家は借りたままで、よし、書くか、となると奥さんの園子さんを松本に残し、ひとりで三崎にやってきては、港の一軒家にこもった。

京都に越してすぐ、子どもがうまれた。園子さんと相談し、身辺を整理するため三崎の家をひきはらうことにした。このときはもう親戚以上のつきあいだったから、家があろうがなかろうが、まったく問題はなかったし。三崎の家の、僕の名前の表札は、まるいちの二階の窓枠にひっかけといた。

ノブさん、美智世さんは、京都にしょっちゅう魚を送ってくれた（京都は海の食材が信じられないくらい乏しい）。息子の一日（ひとひ）はそのおかげで京都っ子ではありえないくらいの魚好きに育った。

たまに関東で用事があったら、一家で三崎のまるいちを訪ねる。僕には三崎にもうひとつの家族がいる。いや、園子さんもひとひもノブさんも美智世さんも、みんな同じ、僕の家族だ。

二〇一五年の春、美智世さんから京都に電話があった。ノブさんが重い病気だ。来年の桜は見られない、そう医者にいわれたって。園子さん、ひとひといっしょに、三崎に駆けつけた。ノブさんは自宅で仰向けになって、もうほとんど声がでなかった。僕たちをみると「ア」と口を開き、手足と背をまるめ、うつぶせになって顔をかくした。やつれた顔を、見せるのがいやだったんだとおもう。

港の旅館から、毎朝かよった。おそらく今晩です、覚悟しておいてください。往診の医師が声をひそめていうたび、ノブさんはその夜を乗りこえ、あたらしい朝の光を浴びた。夜と朝が交互に、遠くからの波みたいに、ノブさんの部屋へ打ち寄せた。

その朝、園子さんの携帯電話が鳴った。美智世さんの声が、しんじさん、園子さん、すぐ来て、といった。六月下旬の明け方だった。僕たちはパジャマのままタクシーに飛び乗った。そして息をのんだ。三崎の港、海、町並みが、雪山みたいに、真っ白に煙っていたんだ。

「おとーさん、これ、なに？」

四歳のひとひが、僕の膝でたずねる。

「これはね、ぴっぴ（ひとひの愛称）」

僕はつぶやく。

「あさぎり、っていうんや。あさにでる、きり、のこと」

こんな初夏に、海じゅうみわたすかぎりの朝霧なんて、出るはずがない。少なくとも僕は、三崎に住んでこのかた、一度もみたことはなかった。

するとひとひがいったんだ、

「おとーさん、ちゃうよ。きりとかと、ちゃうよ」

くすくす笑って、

「これはね、みさきがね、タバコ、すうてんねん。きょうは、ノブさん、タバコすうてええよって。いっしょに、すおな、って。そやから、きょうは、ノブさん、タバコすうたって、ええんちゃうかな」

僕はひとひの頭を抱きしめ、三崎の港を、海を、真っ白な光を、ただ見つめるほかなかった。

「ああ、そやな」

ようやく、僕はこたえた。

「ほんまやな。みさきが、タバコ、すうてはる。ほんま、ぴっぴのいうとおりや」

駆けつけると、ノブさんの容態は前日くらいに戻っていた。僕は美智世さんの耳に、口を近寄せ、ひとひのことばをささやいた。

「ようし、みんな、タバコすおう！ ノブさんにも、すわせてあげよう！」

といった。ノブさんの孫たち、ひとひ、子どもたちが探しまわると、花瓶の裏、階段の手すり、キーボードの下、家じゅうの至るところから、隠しタバコがみつかった。ふだん吸わない美智世さんや園子さん、親戚のみんな、くわえタバコに火をつけて、仰向けで目をとじるノブさんの顔に、ぶわっ、ぶわっ、何十、何百回と吹きつけた。額に、頬に、赤みがさしていく。

「ビールも、のませちゃえ」

美智世さんがいった。握りしめたティッシュをビールにひたし、ひとひがノブさんのくちびるを何度もぬぐった。白い煙がノブさんをつつんでいた。その輝きのなかに、透明な三崎の魚たちが、ひたひた、ひたひた、と泳いでくるのがみえた。魚たちの王、三崎一の魚屋を、迎えに来たのにちがいない。そうして次の日、ノブさんは旅だった。透明な三崎へ。白く輝く魚たちの王国へ。

人間の目に見えるはずのない、ほんとうの光（森さんの友人もきっとそれに触れた）。

ひとの聴覚をこえた、この世の音楽。

教会や、お寺、パイプオルガン、声明《しょうみょう》の声は、たしかに、人間がつくりだしたものだ。なのに、そこから、ひとをこえたなにかが漏れ、溢れ、にじみでてくる。そうした建物や音楽は、その「なにか」をこの世に顕現させるための装置、通路なのかもしれない。

なにも、宗教にかぎらない。

山のぼり。サーフィン。ライブ。

ダンス。サッカー。長距離走。

数学。天体観測。ひとり旅。

おばあちゃんのつぶやき。

大好きなひとからの贈り物。

忘れられないひとこと。

光をこえた光。音をこえた音。

意味なんて枠をふっとばすことば。この世の誰もみたことのないまっさらな風景。

目にみえる、目にみえないもの。

それがみたい、ききたいがために、ひとはひとを求め、ひとと出会う。食べ、飲み、笑い、怒り、手をつないで眠る。

絵を描き、歌をうたい、詩を詠み、ダンスを舞う。恋をする。犬を飼う。長い距離をえんえんと走る。いつか死ぬことがわかっていても。いや、わかっているからこそ。

そうした生を生き通しながら、ふと目をあげた瞬間、青空に一瞬、裂け目がひらいている。そこに、銀色の嶺が覗いている。エヴェレストより高い、誰もまだ到達したことのない、真新しい嶺。時間が止まる。宇宙が静止する。あたらしい光が、僕たちのまわりに充ち満ちる。

空の上の裂け目は一瞬で、雲間にかき消えてしまう。けれど僕たちは、まちがいなくみた。きいた。出会った。その輝く銀嶺が、神様の顔なんだ。


（作家）

本書は二〇〇九年六月に小社より刊行された『神さまってなに？』（「14歳の世渡り術」シリーズ）に加筆・修正して文庫化したものです。

神《かみ》さまってなに？

二〇一七年 二 月一〇日 初版印刷
二〇一七年 二 月二〇日 初版発行

著　者　森達也《もりたつや》
発行者　小野寺優
発行所　株式会社河出書房新社
〒一五一－〇〇五一
東京都渋谷区千駄ヶ谷二－三二－二
電話〇三－三四〇四－八六一一（編集）
〇三－三四〇四－一二〇一（営業）
http://www.kawade.co.jp/

ロゴ・表紙デザイン　粟津潔
本文フォーマット　佐々木暁
本文組版　有限会社中央制作社
印刷・製本　中央精版印刷株式会社

Printed in Japan　ISBN978-4-309-41509-3

裁判狂時代　喜劇の法廷★傍聴記

阿曽山大噴火　40833-0

世にもおかしな仰天法廷劇の数々！　大川興業所属「日本一の裁判傍聴マニア」が信じられない珍妙奇天烈な爆笑法廷を大公開！　石原裕次郎の弟を自称する窃盗犯や極刑を望む痴漢など、報道のリアルな裏側。

裁判狂事件簿　驚異の法廷★傍聴記

阿曽山大噴火　41020-3

報道されたアノ事件は、その後どうなったのか？　法廷で繰り広げられるドラマを日本一の傍聴マニアが記録した驚異の事件簿。監禁王子、ニセ有栖川宮事件ほか全三十五篇。〈裁判狂〉シリーズ第二弾。

ミッキーマウスはなぜ消されたか　核兵器からタイタニックまで封印された10のエピソード

安藤健二　41109-5

小学校のプールに描かれたミッキーはなぜ消されたのか？　父島には核兵器が封じられている？　古今東西の密やかな噂を突き詰めて見えてくる奇妙な符号——書き下ろしを加えた文庫オリジナル版。

黒田清　記者魂は死なず

有須和也　41123-1

庶民の側に立った社会部記者として闘い抜き、ナベツネ体制と真っ向からぶつかった魂のジャーナリスト・黒田清。鋭くも温かい眼差しを厖大な取材と証言でたどる唯一の評伝。

「朝日」ともあろうものが。

烏賀陽弘道　40965-8

記者クラブの腐敗、社をあげて破る不偏不党の原則、記者たちを苦しめる特ダネゲームと夕刊の存在……。朝日新聞社の元記者が制度疲労を起こしたマスメディアの病巣を鋭く指摘した問題作。

センセイの書斎　イラストルポ「本」のある仕事場

内澤旬子　41060-9

南伸坊、森まゆみ、養老孟司、津野海太郎、佐高信、上野千鶴子……。細密なイラストと文章で明らかにする、三十一の「本が生まれる場所」。それぞれの書斎は、その持ち主と共に生きている。

「拉致」異論　日朝関係をどう考えるか

太田昌国　40897-2

「拉致」を他にない視点から論じ、日朝関係を考える原点を示す名著。日朝の戦後を検証しつつ北朝鮮バッシングを煽る保守派、そして自分を切開しない進歩派などを鋭く批判しつつ、真の和解とは何かをさぐる。

刑務所で泣くヤツ、笑うヤツ

影野臣直　41026-5

外国人受刑者の暴動、不良舎房での「タマ入れ」、刑務所大運動会……。「梅酒一杯十五万円」事件で、三年間の獄中生活を体験した元「ぼったくりの帝王」が、刑務所の全てを明かす渾身のノンフィクション！

ペット殺処分　ドリームボックスに入れられる犬猫たち

小林照幸　41102-6

ペットブームの裏側で、年間二十四万匹の見捨てられた犬猫たちが、殺処分装置「ドリームボックス」に送られている。殺処分業務に繰り返し勤しむ動物愛護センター職員の苦悩を追うノンフィクション。

言論自滅列島

斎藤貴男／鈴木邦男／森達也　41071-5

右翼・左翼、監視社会、領土問題、天皇制……統制から自滅へと変容した言論界から抜け出した異端児が集い、この国を喝破する。文庫化のために再集結した追加鼎談を収録。この真っ当な暴論を浴びよ！

TOKYO 0円ハウス 0円生活

坂口恭平　41082-1

「東京では一円もかけずに暮らすことができる」——住まいは二十三区内、総工費０円、生活費０円。釘も電気も全てタダ⁉　隅田川のブルーシートハウスに住む「都市の達人」鈴木さんに学ぶ、理想の家と生活とは？

大人の東京散歩　「昭和」を探して

鈴木伸子　40986-3

東京のプロがこっそり教える情報がいっぱい詰まった、大人のためのお散歩ガイド。変貌著しい東京に見え隠れする昭和のにおいを探して、今日はどこへ行こう？　昭和の懐かし写真も満載。

鉄道沿線をゆく 大人の東京散歩

鈴木伸子　41038-8

東京は世界でもまれな鉄道都市。だから、線路に沿って歩くと、鉄道がわかる、街がよくわかってくる。普段は使わない路線にも乗って、新たな発見いっぱいの各駅停車の旅を楽しむ、大人のためのお散歩ガイド。

箆棒《べらぼー》な人々　戦後サブカルチャー偉人伝

竹熊健太郎　40880-4

戦後大衆文化が生んだ、ケタ外れの偉人たち――康芳夫（虚業家）、石原豪人（画怪人）、川内康範（月光仮面原作）、糸井貫二（全裸の超前衛芸術家）――を追う伝説のインタビュー集。昭和の裏が甦る。

「噂の眞相」トップ屋稼業　スキャンダルを追え！

西岡研介　40970-2

東京高検検事長の女性スキャンダル、人気タレントらの乱交パーティ、首相の買春検挙報道……。神戸新聞で阪神大震災などを取材し、雑誌「噂の眞相」で数々のスクープを放った敏腕記者の奮闘記。

私戦

本田靖春　41173-6

一九六八年、暴力団員を射殺し、寸又峡温泉の旅館に人質をとり篭城した劇場型犯罪・金嬉老事件。差別に晒され続けた犯人と直に向き合い、事件の背景にある悲哀に寄り添った、戦後ノンフィクションの傑作。

時刻表2万キロ

宮脇俊三　47001-6

時刻表を愛読すること四十余年の著者が、寸暇を割いて東奔西走、国鉄（現ＪＲ）二百六十六線区、二万余キロ全線を乗り終えるまでの涙の物語。日本ノンフィクション賞、新評交通部門賞受賞。

犬の記憶

森山大道　47414-4

世界的な評価をえる写真家が、自らの記憶と軌跡を辿りながら、撮影の秘密を明らかにする幻の名著、待望の文庫化。絶妙な文章で描かれる一九六〇～七〇年代の“闇”への誘い。写真多数収録。写真ファン必携。

毎日新聞社会部

山本祐司　41145-3

『運命の人』のモデルとなった沖縄密約事件＝「西山事件」をうんだ毎日新聞の運命とは。戦後、権力の闇に挑んできた毎日新聞の栄光と悲劇の歴史を事件記者たちの姿とともに描くノンフィクションの傑作。

宮武外骨伝

吉野孝雄　41135-4

あらためて、いま外骨！　明治から昭和を通じて活躍した過激な反権力のジャーナリスト、外骨。百二十以上の雑誌書籍を発行、罰金発禁二十九回に及ぶ怪物ぶり。最も信頼できる評伝を待望の新装新版で。

死都ゴモラ　世界の裏側を支配する暗黒帝国

ロベルト・サヴィアーノ　大久保昭男〔訳〕　46363-6

凶悪な国際新興マフィアの戦慄的な実態を初めて暴き、強烈な文体で告発するノンフィクション小説！　イタリアで百万部超の大ベストセラー！

佐藤優氏推薦。映画「ゴモラ」の原作。

軋む社会　教育・仕事・若者の現在

本田由紀　41090-6

希望を持てないこの社会の重荷を、未来を支える若者が背負う必要などあるのか。この危機と失意を前にし、社会を進展させていく具体策とは何か。増補として「シューカツ」を問う論考を追加。

強いられる死　自殺者三万人超の実相

斎藤貴男　41179-8

年間三万人を超える自殺者を出し続けている自殺大国・日本。いじめ、パワハラ、倒産……自殺は、個々人の精神的な弱さではなく、この社会に強いられてこそ起きる。日本の病巣と向き合った渾身のルポ。

ポップ中毒者の手記（約10年分）

川勝正幸　41194-1

昨年、急逝したポップ・カルチャーの牽引者の全貌を刻印する主著３冊を没後一年めに文庫化。86年から96年までのコラムを集成した本書は「渋谷系」生成の現場をとらえる稀有の名著。解説・小泉今日子

郵便的不安たちβ　東浩紀アーカイブス1

東浩紀　41076-0

衝撃のデビュー「ソルジェニーツィン試論」、ポストモダン社会と来るべき世界を語る「郵便的不安たち」など、初期の主要な仕事を収録。思想、批評、サブカルを郵便的に横断する闘いは、ここから始まる！

日本

姜尚中／中島岳志　41104-0

寄る辺なき人々を生み出す「共同体の一元化」に危機感をもつ二人が、日本近代思想・運動の読み直しを通じて、人々にとって生きる根拠となる居場所の重要性と「日本」の形を問う。震災後初の対談も収録。

退屈論

小谷野敦　40871-2

ひとは何が楽しくて生きているのだろう？　セックスや子育ても、じつは退屈しのぎにすぎないのではないか。ほんとうに恐ろしい退屈は、大人になってから訪れる。人生の意味を見失いかけたら読むべき名著。

心理学化する社会　癒したいのは「トラウマ」か「脳」か

斎藤環　40942-9

あらゆる社会現象が心理学・精神医学の言葉で説明される「社会の心理学化」。精神科臨床のみならず、大衆文化から事件報道に至るまで、同時多発的に生じたこの潮流の深層に潜む時代精神を鮮やかに分析。

社会は情報化の夢を見る　［新世紀版］ノイマンの夢・近代の欲望

佐藤俊樹　41039-5

新しい情報技術が社会を変える！　――私たちはそう語り続けてきたが、本当に社会は変わったのか？　「情報化社会」の正体を、社会のしくみごと解明してみせる快著。大幅増補。

なぜ人を殺してはいけないのか？

永井均／小泉義之　40998-6

十四歳の中学生に「なぜ人を殺してはいけないの」と聞かれたら、何と答えますか？　日本を代表する二人の哲学者がこの難問に挑んで徹底討議。対話と論考で火花を散らす。文庫版のための書き下ろし原稿収録。

著訳者名の後の数字はISBNコードです。頭に「978-4-309」を付け、お近くの書店にてご注文下さい。